ΦΙΛΟΛΟΓΙΑ

爱言：古典语文学

古典语文在中国

孔子教拉丁语

基于《论语》的拉丁语入门教程

Confucius Teaches Latin　　　　　　Leopold Leeb

A Latin Primer based on the Latin Translation of Confucius' *Analects*

［奥］雷立柏 著

西北大学出版社

·西安·

项目支持

中央高校基本科研业务费项目
（No. 2023CDJSKJC05）
国家社科基金重大项目"《古典拉丁语汉语大辞典》编纂"
（16ZDA214）

目　录

序　　001
缘起：孔子授拉丁　　006

第一章　拉丁语的文字和发音　　009
第二章　名词和形容词的变格　　013
第三章　动词的变位　　021
第四章　介词及其格　　025
第五章　简单的语句和 esse（"是"）的用法　　034
第六章　有宾语的简句　　043
第七章　动词的被动式　　053
第八章　疑问句　　064
第九章　命令式　　073
第十章　感叹句　　081
第十一章　分词的用法　　085
第十二章　关系从句　　095

第十三章　主句中的虚拟式	*104*
第十四章　条件从句	*112*
第十五章　时间从句	*120*
第十六章　目的从句	*127*
第十七章　动名词	*134*
第十八章　动形词	*139*
第十九章　表示事实的从句	*143*
第二十章　课文《论语》	*146*
第二十一章　课文《大学》	*150*
第二十二章　课文《中庸》	*159*
第二十三章　课文《孟子》	*182*
第二十四章　课文《大秦景教流行中国碑》	*187*
附录一（语法术语表）	*219*
1. 名词	*219*
2. 形容词	*226*
3. 副词	*231*
4. 代词	*232*
5. 数词	*238*
6. 动词	*240*
附录二（词汇表）	*251*
词汇表一（代词、副词、介词、连词）	*251*
词汇表二（动词、名词、形容词）	*269*

序

大约二十年前,北京外国语大学海外汉学研究中心主任张西平先生向我提出这样的建议:把柏应理(Philippe Couplet,1623—1693)等人1687年在巴黎出版的《中国哲学家孔子》(*Confucius Sinarum Philosophus*)中的拉丁语文献重新译成汉语,这样我们才能更全面地知道300多年前的西方汉学家如何理解儒家的经典。我当时没有时间承担这样艰巨的研究项目,但张老师的想法我一直没有忘记。北京外国语大学中国海外汉学研究中心的罗莹老师已经进行了这方面的研究,并分析对"道""天""仁""德""诚""君子"等关键术语的拉丁语翻译。① 梅谦立(Thierry Meynard)等人于2021年出版了《中国哲学家孔夫子》② 一书,把拉丁语译文再次译成汉语,终于完成了张西平先生的计划,真是令人佩服的巨大的学术工程!如今我编写这部《孔子教拉丁语》教材,分析了一些来自《中国哲学家孔子》的语句,在某种意义上也参与了这项研究计划。

2011年6月5日,北京外国语大学召开"首届中国高校拉丁

---

① 参见罗莹的博士论文:《儒学概念早期西译初探——以柏应理的〈中国哲学家孔子〉为中心》,2011。

② 柏应理著,梅谦立编:《中国哲学家孔夫子》,郑州:大象出版社,2021。

语教学研讨会"，我有幸参与该会议并聆听各位教育界学者的报告，其中有一位在意大利留学的女同学，她说学习拉丁语的难度很大，因为外国的学生都比较熟悉拉丁语文献所描述的内容，即古罗马历史和文化，比如汉尼拔的战役和凯撒在高卢的活动、塞涅卡和尼禄皇帝的关系、古罗马的神话和传说等，但这些历史知识和文化传统离中国学生很遥远，所以对中国学生来说，翻译这样的拉丁语文献也很难。听了这份报告后，我就想编写一部让中国学生容易掌握其文献内容的拉丁语教材。如果中国学生首先大体知道某个句子的意思或一篇文章的核心概念，那么也肯定比较容易理解其中的语法形式。换言之，我想编写一部很有中国特色的拉丁语教程。

1988年秋天我到辅仁大学语言中心开始学习汉语，而我当时最大的渴望是读懂孔子的古老经典，所以我很快就去书店买了一本《四书解读》并开始一句一句看《论语》等儒家经典。我特别喜欢《论语》的格言和简短语句，经常觉得那么简单的一句话竟然包含如此深邃的意义，使我默想半天，佩服不已。这样，我就爱上了《论语》并主动背了孔子的很多名言。这是20世纪80年代末的追求，当然后来我更全面地认识了中国古代历史和近代史以及20世纪中国文人对孔子的新理解，甚至对儒家的批评，等等，但在骨子里我还是很珍惜孔子的慧言。

儒家思想是中国2000年以来的主流思想，利玛窦（Matteo Ricci，1552—1610）等传教士也很早就开始和这种主流传统对话，他们早在17世纪就将很多儒家经典译成了拉丁语。来自比利时的耶稣会会士柏应理1687年在巴黎出版了介绍儒家思想的《中国哲学家孔子》,这被视为中西文化交流上的重大事件。著名汉学家孟德卫(David E. Mungello)在他的《奇异的国度:耶稣会适应政策及汉学的起源》(*Curious Land: Jesuit Accommodation and the Origins of Sinology*, 1985)中用了很大的篇幅(页247—299)来谈论《中国哲学家孔子》这部著作的形成、出版和在欧洲的影响。柏应理甚至被称为"将中国带到欧洲的人"[①]。《中国哲学家孔子》是由几位耶稣会传教士合译的,也经过了很长的编辑过程,其中最重要的译者大概是殷铎泽(Prospero Intorcetta,1625—1696)、恩理格(Christian Herdtrich,1624—1684)、郭纳爵(Ignacio da Costa,1599—1666)和柏应理。孟德卫认为该书的一部分翻译是在广州进行的,因为上列的传教士都于1665年被押送到广州。

《中国哲学家孔子》包含《大学》《中庸》及《论语》的拉丁语翻译,而本教材在很多方面引用了这部著作优美的拉丁语译文。本人身为拉丁语老师,又热爱孔子的思想,长期以来在中国进行翻译工作,所以我对《论语》的拉丁语译本有非常浓厚的兴趣。孔子的经典被译成拉丁语,是中国古代文化和西方古代文化的奇妙交流与结合。我希望使用这部教材学习拉丁语的中国学生对古代文化和传统思想也怀着同样的热忱和尊敬,这样才能体会到孔子与拉丁语的深层关系。

本拉丁语教程从拉丁字母的发音开始,进而介绍名词、形容词

---

① 参见韩德力(J. Heyndrickx):《柏应理:将中国带到欧洲的人》[*Philippe Couplet, S.J. (1623—1693): The Man Who Brought China to Europe*, Monumenta Serica, Steyler, 1990]。

和动词的基本语法形式，此后以简单的语句来说明拉丁语的句法。大部分例句来自孔子《论语》的拉丁语译本，这样的学习方法能使学生同时走近孔子的思想与西方古代语言及文化。在编写的过程中，我经常联想到一些来自欧洲传统的与孔子思想有关联的语句，就以"注"的形式加上这些文献或格言，这样使孔子思想与西方古代传统进行更进一步的对话，以言比言，以义比义。在拉丁语方面，那些在某种意义上代表"西方文化主流思想"的语句多来自《圣经》的拉丁语译本和托马斯·阿奎那（Thomas Aquinas，1225—1274）的著作。选择这些文献的原因是，在17世纪翻译《论语》的西方人都是传教士，而在他们眼中儒家传统基本上是良好的，能够与基督信仰对话。这些耶稣会传教士在他们受教育的过程中都必须学习《圣经》和经院哲学思想（尤其是托马斯·阿奎那的哲学），所以来自《圣经》和《神学大全》的思想资源也许能帮助我们更深入地了解17世纪译者的内心世界。

本书第二十一章到第二十四章的课文使用《大学》《中庸》和《孟子》的部分译文，也使用17世纪译者的另一些翻译成果，如西方汉学家一向非常关注的《大秦景教流行中国碑》的拉丁译文。

在引用《论语》语句时我都标出了该句子的来源，如"2：2"指"第二篇〈为政〉，第二节"，而引用《中国哲学家孔子》一书的译文时则加上"CSP"。对于《论语》的英语翻译和现代汉语翻译，多参考1994年华语教学出版社出版的《论语——文白、汉英对照》。

学习拉丁语当然需要多部词典和工具书，在此罗列为学生有用的拙著：《拉丁语汉语简明词典》（世界图书出版公司，2011）、《拉丁成语辞典》（宗教文化出版社，2006）、《汉语神学术语词典》[①]（宗教文化出版社，2007）、《简明拉丁语教程》（商务印书馆，2010）、《拉丁语桥》[②]（中国书籍出版社，2012）、《拉丁语入门教程》（北京联合出版公司，2014）、《拉丁语语法速记表、拉丁语基本词汇手册》（北京联合出版公司，2014）、《中国学生简明拉丁语入门》（汕头大学出版社，2021）。

感谢所有帮助我完成本教程的人，尤其是北京外国语大学的张西平教授和罗莹博士。

祝君：阅读和学习愉快！

雷立柏

北京中国人民大学林园

2024年12月

[①] 该书第二部《清初汉语神学术语辞典》分析了17世纪50年代《神学大全》汉译本的学术术语。

[②] 该书首次从比较修辞学的角度分析了汉语和拉丁语的表达方式。

缘起：孔子授拉丁*

弟仲尼欲授拉丁，众弟子异之，诣而询焉。

或问于孔子曰："弟子闻夫子欲授拉丁，然否？"

子曰："然也。"

曰："弟子寡闻，不知何谓拉丁，多有疑焉。"

子曰："泰西古语也。其移译之称繁多，旧曰'喇提诺''腊底诺''辣第诺''辣丁'云云，今壹其名，皆谓拉丁也。泰西之教化有赖三语焉，古希腊语、拉丁及古希伯来语，拉丁后兴，然广布而久远。此三者乃今泰西诸语、亦人文成化之原。今泰西学堂同授多语，词形异而规则近，皆由此也。后起而最广焉。三语如三师，此三者行，必有我师。其必学之故在于今日之泰西之语、文、思与学，皆根源于此三者。如今泰西有学堂，同时授多语，无不可也。其字形远，其话规近，共同之根源，显而易见。"

曰："何谓也？"

子曰："泰西之教化肇于希腊而盛于罗马，而后大化陵迟、世风浇漓。夷狄接踵来侵，西帝国崩析。然东来耶教广布福音，化协

---

*编者按："缘起：孔子授拉丁"，雷立柏教授原题"导论：孔子为什么教拉丁语？"，原稿文言与白话参半，启请陈可风教授通改为文言，立柏教授再作补充，由可风教授定稿：两位古典学者拟述圣人之言，着力阐发文明互鉴之大旨，琴瑟友声、嘉惠学林，真一段佳话也！

殊裔，周溥遐圻。先北而南向，法兰克国王查理曼及诸国帝王渐次欣然受化。古典诸学，譬法学、文法修辞、逻辑哲理、天文地理等亦赓续不绝。中世教堂之勃兴，近世古学之复起，神学诸流之论辩，乃至物理、生化、医药之命名，莫不仰拉丁而行。渐向北欧，法兰克王查理曼，及各国帝王，欣然采纳，则古罗马之法学、语法、修辞、逻辑、哲理、灵修、天文、地理、及诸学科之经书，皆成泰西博学家之共识，中世纪之大学堂，文艺复兴之教化，神学诸派之雄辩，生物医药之命名，物理化学之术语。"

或曰："拉丁肇于何时、何地邪？"

子曰："殷周之际，今意大利中部始有部族言拉丁也。传平王东迁后，此地营建罗马城，由小邦历数百年恢拓而遂成帝国，拉丁亦播越遐迩。"

曰："夫子信而好古，敢问罗马事迹有类诸夏乎？"

子曰："以同观之则类，以殊观之则异。今且略言一二。吾所倡'仁'（caritas, benevolentia），'义'（iustitia）、'礼'（mos）、'智'（sapientia）、'勇'（virtus）者，罗马亦有近之者。复次，政者，正也，罗马治国理政（regere），亦治国之君（rex, rector），皆匡正（rectificare）意也。又罗马崇先祖之礼（mos maiorum）亦重家国，皆类诸夏。然以异视之，罗马不尚仁政而崇功伐，废王以年易两诹治（consules）主政为常制，外则高掌远蹠，乃至绝海侵略，以地中海为'吾海'（mare nostrum），又与诸夏殊不相类也。"

或曰："西罗马覆亡后，泰西皆言拉丁乎？"

子曰："非也，唯文人雅士言之，然书则必也，可谓书同文也。

逮至近世，国纷立而迭兴，他语盛行，则书亦不同文矣。"

或曰："拉丁乃泰西古语，近世用之鲜也，吾今诸夏何为肄习拉丁邪？"

子曰："拉丁近世用者希，然自远古迄近世，经典沉深，载籍浩瀚，珠玉琳琅，交错缤纷，于今亦裨益良多也。以吾诸夏今语而论，诸多语词虽移译当今西文，实原于拉丁，譬如'首都'（caput）、'宪法'（constitutio）、'记忆力'（vis memoriae）、'影响'（influere）云云，乃至盛行之'主义'（由中世之词尾 -ismus 而来）亦然。而如今之世，拉丁语词，已与汉文交融汇合，产生新词，孕育新义。无数新词，皆以汉字为父，以拉丁为母，一方为词体形，他方为词灵意。吾今眺瞻之，今日之华夏语文，三句不离拉丁。此语之影响之广与深，前不见古语，后不见来者，汝等弗欲往而睹耶？"

众曰："弟子愿肄习拉丁，窥其端倪。"

子曰："善哉！明末利玛窦等来我诸夏布教，亦将吾与尔等所言，移译拉丁。吾将以为范便，可乎？"

众欣曰："善哉！善哉！"

第一章　拉丁语的文字和发音

子曰："拉丁语文字简朴，实而不华，而其发音极丰富细致。请诸弟子学 25 字母，即拉丁语的'ABC'。其中最后三个字母（X、Y、Z）是在奥古斯都（Augustus）时代从希腊文引进的，在早期文献中没有。"

弟子问："25 个字母之发音如何？"

子曰：

A 如：王、邦、康中的 A

B 如：巴、备、必、博、布中的 B

C 如：卡、自、择、库中的 K 或 TS（详细解释见下）

D 如：道、德、多、度中的 D

E 约如：德、美、非中的 E

F 如：方、丰、富中的 F

G 如：高、给、古中的 G

H 如：杭、黑、洪中的 H

I 如：必、礼、米中的 I

J 如：雅、犹、用中的 J（注意：早期文献没有"J"，只有"I"：jus = ius，jaceo = iaceo）

K 如：开、靠、克、孔中的 K

L 如：拉、雷、礼、罗中的 L

M 如：马、美、米、莫中的 M

N 如：南、你、农中的 N

O 约如：否、口、肉中的 O

P 如：胖、朋、平中的 P

QU 约如：夸、奎中的 QU

R 约如：让、仁、儒中的 R

S 如：撒、色、思、苏中的 S

T 如：堂、疼、天中的 T

U 如：胡、鲁、儒中的 U

V 约如：瓦、为中的 V（W）

X 约如：克斯，即 KS

Y 约如：吕、女、玉中的 Y

Z 如：择、自、在中的 Z

其中的"C"字母，古人全发"K"，但古代晚期和中世纪软化 CE, CAE 和 CI 的发音，则：

CA = KA，如 Caligula "Ka-li-gu-la" 卡里古拉

CE, CAE = TSE，如 Caesar "Tse-sar" 择撒尔（古代发音："凯撒尔"），Caecilia "Tse-tsi-lia" 蔡此艺里阿（古代发音："凯克艺里阿"）

CI = TSI，如 Cicero "Tsi-tse-ro" 此艺择若，即"西塞罗"（古

代发音："克艺克若"）

CO = KO，如 columba "ko-lum-ba" 扣龙巴（鸽子）

CU = KU，如 currus "kur-rus" 库如斯（马车）

另外，双元音 AE 如 E、AI 如"艾"、AU 如"奥"、EI 如"厄艺"。

请众弟子练习读这些地名和人名：

ITALIA 伊塔利阿（意大利），TIBERIS 提贝瑞斯（台伯何）；

ROMA 柔马（罗马），SICILIA 斯伊克伊里阿（西西里）；

GERMANIA 格尔马尼阿（日耳曼），CARTHAGO 卡尔塔够（迦太基）；

GALLIA 噶利阿（高卢），GRAECIA 格瑞此艺阿（希腊）；

JUDAEA 优德阿（犹太）。

AUGUSTUS 奥古斯图斯（奥古斯都），CATULLUS 卡图卢斯；

VERGILIUS 维尔格里乌斯（维吉尔），HORATIUS 后日阿提乌斯（贺拉思）；

OVIDIUS 欧维迪乌斯（奥维德），SENECA 色内卡（塞涅卡）；

TERTULLIANUS 特尔图里阿努斯（德尔图良），LACTANTIUS 拉克坦提乌斯；

AUGUSTINUS 奥古斯提努斯（奥古斯丁），ISIDORUS 伊斯伊多儒斯（伊西多）。

注：拉丁语的字母有大写和小写之分，但早期的字母都是大写的。在查理曼（Charlemagne）时代（约800年），西欧的文人开始使用小写字母。在今天的文献中，人名、地名和书名第一个字母是大写的，其他一般都是小写的。

第二章　名词和形容词的变格

拉丁语之词分为名词（［名］nomen）、形容词（［形］adjectivum）、动词（［动］verbum）、代词（［代］pronomen）、副词（［副］adverbium）、介词（［介］praepositio）、连词（［连］conjunctio）等类型的词。

名词、形容词和代词的结尾变化表示其数（单数 singularis、复数 pluralis）、其性（阳性 masculinum、阴性 femininum、中性 neutrum）以及其格（主格 nominativus、属格 genetivus、与格 dativus、宾格 accusativus、夺格 ablativus、呼格 vocativus），此谓其"变格"。

名词有阴性的，如 rosa（玫瑰花）；有阳性的，如 dominus（主人）；有中性的，如 bellum（战争）。阴性的典型词尾是 -a，阳性的词尾是 -us，而中性的词尾是 -um。

形容词都必须根据名词的性而改变，如 magnus（大）也有 magna 和 magnum 的形式，因此要写为：rosa magna 大的玫瑰花，dominus magnus 大的主人，bellum magnum 大的战争。

形容词可以放在名词的前面或后面：rosa magna = magna rosa; dominus magnus = magnus dominus。

另外,"格"的词尾表示某个词在句子中的作用,比如主语使用主格,宾语使用宾格,"主人看到玫瑰花"中的主语是"主人",宾语是"玫瑰花",因此:Dominus videt rosam.(rosam 是 rosa 的宾格①)

形容词的格也必须符合名词的格,所以:
Magnus dominus videt magnam rosam. 伟大的主人看到一个大的玫瑰花。
复数也是通过词尾的变化表达的:
Domini vident rosam. 主人们看到一个玫瑰花。(Domini 是阳性复数主格=阳,复,主)
Domini vident rosas. 主人们看到一些玫瑰花。(rosas 是阴性复数宾格=阴,复,宾)
Domini vident rosas magnas. 主人们看到一些大的玫瑰花。(magnas 符合 rosas=阴,复,宾)

属格表示隶属关系,比如:
rosa domini 主人的玫瑰花;domini[阳,单,属]
rosae dominorum 主人们的那些玫瑰花;dominorum[阳,复,属]
odor rosae 玫瑰花的香味;rosae[阴,单,属]
odor rosarum 那些玫瑰花的香味;rosarum[阴,复,属]

---

① 请参见附录一语法术语表的"名词"部分。

与格经常和"给予"有关系，下列句子用 dabo（"我将要给予"），比如：

Rosam dabo domino. 我将玫瑰花给予主人。domino［阳，单，与］

Rosam dabo dominis. 我将玫瑰花给主人们。dominis［阳，复，与］

Aquam dabo rosae. 我将水给玫瑰花/我给玫瑰花浇水。rosae［阴，单，与］

Aquam dabo rosis. 我将水给那些玫瑰花/我给那些玫瑰花浇水。rosis［阴，复，与］

夺格有很多作用，可以表示方式、工具、状态、原因、关系、时间和地点，比如：

Rosa delectat dominum. 玫瑰花使主人高兴。

Rosa odore delectat dominum. 玫瑰花因香味使主人高兴。odore［阳，单，夺］

Rosa bono odore delectat dominum. 玫瑰花因美好的香味使主人高兴。bono odore［阳，单，夺］

Dominus rosis delectat dominam. 主人通过玫瑰花使女主人高兴。rosis［阴，复，夺］

请记住第一变格（rosa 类型名词）、第二变格（dominus, bellum 类型名词）的所有词尾：单数和复数的主格、属格、与格、夺格、宾格。

除此之外还必须学习第三变格（dux, civis, caput）、第四变格

（fructus）和第五变格（dies, res）的形式。

拉丁语的部分形容词符合 magnus, magna, magnum（=magnus, -a, -um，缩写为"magnus 3"）的形式[①]，另一些形容词符合 tristis, triste 的形式，而少数的形容词符合 vetus, veteris 的类型。（主格的阳、阴、中性都一样）

拉丁语的名词和形容词必须根据词典的写法记忆，即应该记住名词的主格、属格、性，以及形容词的变格类型。

名词

玫瑰花 rosa, -ae, f. = rosa, rosae, femininum（阴性，第一变格）

女主人 domina, -ae, f. = domina, dominae, femininum（阴性，第一变格）

智慧 sapientia, -ae, f. = sapientia, sapientiae, femininum（阴性，第一变格）

主人 dominus, -i, m. = dominus, domini, masculinum（阳性，第二变格）

男人 vir, -i, m. = vir, viri, masculinum（阳性，第二变格）

战争 bellum, -i, n. = bellum, belli, neutrum（中性，第二变格）

[①] 请参见附录一语法术语表的"形容词"部分。

领导 dux, ducis, m.（阳性，第三变格）

法律 lex, legis, f.（阴性，第三变格）

公民 civis, -is, m.(f.) = civis, civis, masculinum (femininum)（阳性或阴性，第三变格）

头 caput, -itis, n. = caput, capitis, neutrum（中性，第三变格）

身体 corpus, -oris, n. = corpus, corporis, neutrum（中性，第三变格）

智者 sapiens, -ntis, m. = sapiens, sapientis, masculinum（阳性，第三变格）

美德 virtus, -utis, f. = virtus, virtutis, femininum（阴性，第三变格）

果子 fructus, -us, m. = fructus, fructus, masculinum（阳性，第四变格）

用处，使用权 usus, -us, m. = usus, usus, masculinum（阳性，第四变格）

事物，事情 res, rei, f. = res, rei, femininum（阴性，第五变格）

外貌 species, -ei, f. = species, speciei, femininum（阴性，第五变格）

注意：部分人名和地名有变格，部分没有。

孔子 Confucius, -ii, m.（第二变格）

孟子 Mencius, -ii, m.（第二变格）

颜渊 Yan Yuan, m.（无变格，主格、属格、宾格等都一样）

舜 Shun（无变格，主格、属格、宾格等都一样）

中国 Sinae, -arum, f., pl.（第一变格）

北京 Pekinum, -i, n.（第二变格）

梁（国）(regnum) Liang（无变格）

形容词

部分形容词在词典中写出它们的阳、阴、中性词尾，如：

好的 bonus, -a, -um, = bonus, bona, bonum（第一、第二变格）

小的 parvus, -a, -um, = parvus, parva, parvum（第一、第二变格）

完善的 perfectus, -a, -um, = perfectus, perfecta, perfectum（第一、第二变格）

正直的 probus, -a, -um, = probus, proba, probum（第一、第二变格）

不诚实的 improbus, -a, -um, = improbus, improba, improbum（第一、第二变格）

可怜的 miser, -era, -erum, = miser, misera, miserum（第一、第二变格）

部分形容词的阳性和阴性使用同样的词尾，所以词典仅写出两种形式，如：

悲伤的 tristis, -e, = tristis, triste（第三变格）

短的 brevis, -e, = brevis, breve（第三变格）

所有的，一切 omnis, -e, = omnis, omne（第三变格）

甜蜜的 dulcis, -e, = dulcis, dulce（第三变格）

部分形容词的阳、阴、中性词尾是一样的,所以词典写主格和属格的形式,如:

老的 vetus, -eris, = vetus, veteris(第三变格)
有智慧的 sapiens, -entis, = sapiens, sapientis(第三变格)
稳定的 constans, -ntis, = constans, constantis(第三变格)

《论语》的拉丁语译本(CSP)用这样的词来翻译"君子":
vir sapiens 智者,有智慧的人;[复]viri sapientes
vir probus 正直的人;[复]viri probi
vir perfectus 完美的人;[复]viri perfecti
sector virtutis 追求美德的人;[复]sectatores virtutis
philosophus 哲学家;[复]philosophi

CSP 用这样的词翻译"小人":
(vir) improbus 不诚实的人;[复](viri) improbi
(vir) insipiens 不明智的人;[复](viri) insipientes
(vir) stultus 愚蠢的人;[复](viri) stulti

形容词可以修饰名词,但也可以独立使用,比如英语中:
Good students learn well, bad students don't make progress. = The good learn well, the bad don't.

因此,上面的词组都可以省略"vir"(男人):
vir sapiens 有智慧的人 = sapiens 智者

vir probus 正直的人 = probus 诚者

练习：

请在附录一中查找下列单词并认定它们的性和变格类型。

locus, pater, salus, periculum, sententia, mater, morbus, amicus, domus, sol, usus, manus, filia, corpus, spes, mos, virtus, res, tempus, saeculum, lux.

第三章　动词的变位

拉丁语动词的词尾变化被称为"变位"。这些变化表示某动词的人称（第一人称"我"、第二人称"你"、第三人称"他""她""它"），还表示数（单数、复数）、动态（主动、被动）、时态（现在时、将来时、过去时、完成时、过去完成时）和语态（直陈式、虚拟式）。

以动词"爱"为例，不定式是 amare，而现在时的变位形式是[①]：

amo 我爱［第一人称单数＝一单］

amas 你爱［第二人称单数＝二单］

amat 他/她爱［第三人称单数＝三单］

amamus 我们爱［第一人称复数＝一复］

amatis 你们爱［第二人称复数＝二复］

amant 他们爱［第三人称复数＝三复］

因为拉丁语动词的词尾已经包含人称，动词可以包含句子的主语，一个词可以成为一句话（如"Amo 我爱""Dico 我说"）。这种简略的表达方式在英语和汉语中无法模仿。

---

① 参见附录一语法术语表的"动词"部分。

孔子说"吾信而好古",其中的"吾好古"可译为:Amo antiquitatem."我爱好古代文化。"

Confucius amat antiquitatem."孔子好古。"其中的 amat"他爱"为第三人称、单数[三单]。

Amamus antiquitatem."我们爱好古代文化。"其中的 amamus 为第一人称、复数[一复]。

Sapientes amant antiquitatem."智者们好古。"其中的 amant 为第三人称、复数[三复]。

habeo 我拥有[第一人称单数=一单]

habes 你拥有[第二人称单数=二单]

habet 他/她/它拥有[第三人称单数=三单]

habemus 我们拥有[第一人称复数=一复]

habetis 你们拥有[第二人称复数=二复]

habent 他们拥有[第三人称复数=三复]

Sapiens habet virtutem."智者有德。"其中的 habet"他拥有"为第三人称、单数[三单]。

Sapientes habent virtutem."智者们有德。"其中的 habent"他们拥有"为第三人称、复数[三复]。

请参考附录一语法术语表的"动词"部分并分析下列的动词:
amant 他们爱[第三人称,复数,主动,现在时,直陈式=三复,

主动，现，直]

　　amatur 他被爱［第三人称，单数，被动，现在时，直陈式＝三单，被动，现，直］

　　amabimini 你们将被爱［二复，被动，将，直］

　　amaverunt 他们曾经爱［三复，主动，完，直］

　　amaretur 他可能被爱［三单，被动，过，虚］

　　在拉丁语词典里经常写有每一个动词的四种形式：现在时一单，不定式，完成时一单，完成时分词。如：

　　amo, amare, amavi, amatus（简写为 amo, -are, -avi, -atus）

　　habeo, habere, habui, -（此动词没有完成时分词）

练习：

请翻译下列属于不同时态的语句。

现在时：

Pater amat filium.

Pater habet duos filios.

Pater habet multos amicos.

Sapiens habet amicum.

Sapientes habent multos amicos.

Confucius amat amicos suos.

Patres semper amant filios suos.

过去时：

Pater amabat filiam suam.

Pater habebat duos filios.

Confucius monebat discipulum.

Boni magistri monebant discipulos.

Boni patres semper monebant filios suos.

Pater dicebat filio proverbium.

完成时：

Filius amavit patrem.

Filii semper amaverunt patres suos.

Mater habuit duas filias.

Matres saepe habuerunt multos liberos.

Confucius dixit proverbium.

Pueri amaverunt proverbia Confucii.

Dixi tibi multa de Confucio.

第四章　介词及其格

拉丁语介词的用法等于汉语介词（比如"从""向""到""通过""针对""与……一起"）的用法，即介词放在某名词或代词之前（比如"从父亲""到父亲""针对我"等）。拉丁语的介词可以分为两类：有的介词要求后面的名词使用宾格，有的介词要求后面的名词使用夺格。（请参见附录二语法术语表的"介词"部分：ad, ante, apud... 要求宾格，而 a, ab, cum, de, ex... 要求夺格）介词 in 加宾格表示"向""到""针对"，加夺格表示"在……中""在……内"。

请看下列使用介词的词句。

1. inter quattuor maria.
四海之内。（12:5）

inter［介］在……内，其中；加宾格。
quattuor［基数词］四；大多基数词没有变格。注意：quattuor 早期也有 quatuor 的写法。

maria［名］诸海；［中，复，宾］；从 mare, -is, n. 海。因为 inter 要求宾格，maria 是宾格。

注：在拉丁语《圣经》中也出现类似于"四海"的说法，比如《旧约·以赛亚书》：dispersos Juda colliget a quattuor plagis terrae. "他必从地的四方聚集分散的犹太人。"（Is 11:12）《新约·马太福音》：congregabit electos eius a quattuor ventis. "他将从四方（原文：四风）招聚他的选民。"（Mt 24:31）

如果还参考其他使用"四方""四风"的章节（比如 Ez 7:2, 37:9; Dan 7:2, 8:8, 11:4; Zach 6:5; Rev 6:8）就会发现，《圣经》使用"四方"来表示一种先知性的预言或对未来的瞻望。

2. ab aliis hominibus.

由人。（12:1）直译："由别人。"

ab［介］从，由于，由……而来；加夺格。注意：这个介词有三种写法：a、ab、abs。如果后面的词是以辅音开头的，仅仅写 a；如果后面的词是以元音开头的，写 ab；如果后面的词是以 t 开头的，有时候写 abs。

aliis［代词］其他人；［阳、复、夺］；从 alius, alia, aliud 其他的，另一个。注意：aliis 应该读为 ali-is "阿里艺斯"，而非 alis "阿里斯"。

hominibus［名］人们；［阳、复、夺］；从 homo, -inis, m. 人。因为 ab 要求夺格，hominibus 是夺格。

注：参考 CSP 对"为仁由己，而由人乎哉"的翻译：Hoc dependet ab ipsomet homine, quomodo autem dependeat ab aliis hominibus? "这取决于自己，怎能取决于其他人呢？"

3. Yan Yuan consulit de humanitate.
颜渊问仁。（12:1）

Yan Yuan［人名］颜渊。注意：汉语人名和地名一般没有变格，除非是"被拉丁化的"名称，如 Kongfuzi"孔夫子"被写成 Confucius，这样就符合第二变格 Confucius, -ii, m。

consulit［动］他问，他咨询，他征求……意见；［三单、主动、现］；从 consulo, -ere 商量。

de［介］关于，从；加夺格。注意：汉语原文没有介词，但原文可以理解为"问关于仁的事"。

humanitate［名］仁慈；［阳、单、夺］；从 humanitas, -atis, f. 人性，人情，仁慈，修养。因为 de 要求夺格，humanitate 是夺格。

注："仁"一词也许很难译成别的语言。CSP 用 caritas（仁慈）、pietas（虔诚）、virtus（美德）、virtus interior（内心的德性）、probitas（正直）、innocentia cordis（纯洁的心）、perfectio（完善）、integritas innocentiaque vitae（纯正的生活）等词来翻译"仁"。参见 CSP 对"颜渊问仁"的解释性译文：Yan yuan consulit Magistrum de cordis innocentia et perfectione nulli non mortalium indita caelitus, modumque exquirit illius recuperandae. "颜渊请老师解释什么是内心的纯洁和完善——这些都是由天给予每一个人的,他还问恢复这种状态的方法。"

4. Sit institutio sine discrimine.

有教无类。（15:39）直译："教育应该没有区分。"

sit［动］但愿它是；［三单,现,虚］；从 sum, esse 是；虚拟式表示愿望。

institutio［名］教育,教导；［阴,单,主］；从 institutio, -onis, f. 教育。

sine［介］没有,非,无；等于英语的 without；加夺格。

discrimine［名］差别,区别；［中,单,夺］；从 discrimen, -inis, n. 区别。因为 sine 要求夺格,discrimine 是夺格。

注：请在拉丁语词典中查找 institutio（教育）一词。这里罗列其同义词和近义词：aedificatio, cultio, cultura, didascalia, disciplina, doctrina, educatio, eruditio, institutum, instructio, paedagogia.

5. Applicat animum ad virtutem.

志于仁。（4:4）直译："将追求仁作为自己的志向。"

applicat［动］他应用于，投入于；［三单，主动，现］。

animum［名］意志，心；［阳，单，宾］；从 animus, -i, m. 心，意，意志，愿望。

ad［介］向，到，对于，针对；加宾格。

virtutem［名］美德；［阴，单，宾］；从 virtus, -utis, f. 美德，美善，勇气，仁慈。因为 ad 要求宾格，virtutem 是宾格。

注：拉丁语的 virtus 主要有如下的不同意义：（1）男人的气质。（2）勇气，毅力，坚定，决心；virtus militum 士兵们的斗志；virtute et animo 勇敢地和坚定地。（3）［复］壮举，功绩。（4）能力，优点；virtutes animi 心灵上的优点。（5）精力，力量，价值，用处，优越性；virtus herbarum 野草的好处；virtus corporis 身体的力量；virtus memoriae 记忆力。（6）行为的完善，功德，德性，美德，道德价值；aliquem ad virtutem revocare 使某人回到道德行为。（7）［完］超凡的能力，治病的力量，奇迹。

6. mens defixa in ratione.

志于道（7:6）。直译："将追求道作为自己的志向。"

mens［名］心；［阴，单，主］；从 mens, mentis, f. 思想，心，记忆力。

defixa［完成时分词］固定的；［阴，单，主］；从 defixus, -a,

-um 固定的，从 defigo, -figere, -fixi, -fixum［动］集中，固定于。

in［介］内，在……内；加夺格。

ratione［名］理性，思考；［阴，单，夺］；从 ratio, -onis, f. 考虑，思想，原则，理性。因为 in 要求夺格表示"在"，所有 ratione 是夺格。

注："道"的翻译始终是一个难题，CSP 主要使用 ratio（原则，理性）、norma rationis（理性的标准）、dictamen rationis（理性的要求）、lex（法律，规律）、via（道路）等词来表达"道"。

拉丁语的 ratio 有 20 多种不同的含义：（1）计算；rationem computare 算出。（2）账，账目；rationem reddere 报账。（3）账本，名单。（4）数字，数量。（5）交易事务，事情；ratio fori judiciique 政治和法律的事。（6）营利，好处。（7）关系，联系。（8）比例。（9）领域，范围。（10）考虑，注意；vel dignitatis vel commodi rationem habere 考虑到名声或利益。（11）思考，理性思考；sine ratione 盲目地。（12）理性，明智，判断力；homines rationis participes sunt 人们都有理性；a deo rationem habemus 我们的理解力来自神。（13）原因，理由；nulla est ratio 没有理由。（14）证明。（15）观点，看法，思维方式，政治或哲学立场。（16）理论，教导，学科。（17）原则。（18）方法，策略；ratio studiorum 教学计划。（19）措施，可能性。（20）程序，方式；qua ratione 如何？（21）情况。[1]

---

[1] 参见《拉丁语德语词典》（*Pons Globalwörterbuch Lateinisch-Deutsch*），Stuttgart, 1995。

7. Non in longinquiores terras evagetur.

不远游。（4:19）直译："他不应该到比较远的地区去。"

non［副］不，非；即英语的 not。

in［介］到，向；加宾格。注意：如果 in 加夺格，它的意思是"在……内，在……当中"，如果加宾格，它的意思是"向，往，到，对于，针对"。

longinquiores［形］比较远的；［阴，复，宾］；从 longinquus, -a, -um 遥远的；longinquior 是比较级。

terras［名］地，地区；［阴，复，宾］；从 terra, -ae, f. 土地，地，地区。因为 in 要求宾格表示"向"，所以 terras 是宾格。

evagetur［动］他应该出去旅游；［三单，被动，现，虚］；从 evagor, -ari, -atus sum 出去旅游，漫游。注意：此动词只有被动式的形式，但其意思仍然是主动的。虚拟式表示"应该"。

8. Ab inferioribus disco et ad sublimiora penetro.

下学而上达。（14:35）

ab［介］从，由；加夺格。

inferioribus［形］低级的，下层的（人）；［阳，复，夺］；从 inferus, -a, -um，比较级为 inferior, -ioris 这里的形式是形容词当名词用，可以理解为阳性（指人）或中性（指事物）。因为 ab 要求夺格，inferioribus 是夺格。

disco［动］我学习；［一单，主动，现］；从 disco, discere 学习。

ad［介］到，向；加宾格。

sublimiora［形］比较高级的（东西），崇高的（东西）；［中，复，宾］；从 sublimis, -e，比较级为 sublimior, -oris；这里的形式是形容词当名词用，中性指"事物"，不指"人"。

penetro［动］我达到；［一单，主动，现］；从 penetro, -are, -avi, -atus 穿透，进入，达到。

注：在西方传统中也有一种"向卑微的东西学习"的说法，比如：Considerate lilia agri. "你们观察一下田间的百合花。"（《新约》Mt 6:28）Vade ad formicam, o piger, et considera vias eius, et disce sapientiam. "懒惰的人哪！你去察看蚂蚁的动作，就可得智慧！"（《旧约·箴言》Prv 6:6）

9. Prisci studebant propter se, homines aetatis nostrae student propter alios.

古之学者为己，今之学者为人。（14:24）

prisci［形］古代的（人）；［阳，复，主］；从 priscus, -a, -um 原始的，古朴的，古代的；形容词当名词用，阳性指"人"，所以为"古代的人"。

studebant［动］他们曾追求；［三复，主动，过］；从 studeo,

-ere, -ui 追求，学习。

propter［介］为了；加宾格。

se［反身代词］他们自己；因为 propter 要求宾格，se 和 alios 是宾格。

homines［名］人们；［阳，复，主］；从 homo, hominis, m. 人。

aetatis［名］时代的；［阴，单，属］；从 aetas, -atis, f. 时代。

nostrae［物主代词］我们的；［阴，单，属］；从 noster, -tra, -trum 我们的。

student［动］他们追求；［三复，主动，现］；从 studeo, -ere 追求。

alios［不定代词］其他人；［阳，复，宾］；从 alius, alia, aliud 另一个，其他的；阳性指人。

练习：

请翻译。

ante portam, ante lucem, ante tres dies, ante quinque menses, sine timore, sine dubio, cum te, cum omnibus amicis, cum gaudio, per aspera ad astra, in silva, in silvam, in civitate, in omnibus rebus, secundum naturam, contra naturam.

第五章 简单的语句和 esse（"是"）的用法

拉丁语中表示"是""有"和"存在"的词是：sum, esse, fui。这个动词是不规则的，所以必须好好学习每一个形式。

	现在时	将来时	过去时	完成时
一单	sum 我是	ero 我将是	eram 我曾是	fui 我曾是
二单	es 你是	eris	eras	fuisti
三单	est 他是	erit	erat	fuit
一复	sumus 我们是	erimus	eramus	fuimus
二复	estis 你们是	eritis	eratis	fuistis
三复	sunt 他们是	erunt	erant	fuerunt

过去时和完成时的意思相同，但完成时有时候表示一种已经彻底结束的事。

如果用"A 是 B"（"孔子是一位老师"）的句型，A 和 B 都使用主格。拉丁语的词序很灵活，也可以说"A B 是"，强调的时候也可以说"是 A B"。请看以下例句。

1. Confucius est magister. (=Confucius magister est.)
孔子是一位老师。

Confucius［人名］孔子；［阳，单，主］；从 Confucius, -i, m. 孔夫子。
est［动］他是；［三单，现］；从 sum, esse 是。
magister［名］教师，老师；［阳，单，主］；从 magister, magistri, m. 教师，老师。

注：拉丁语的 magister、英语的 master、西语的 maestro、德语的 Meister 等都来自 magnus, -a,-um［形］大的，年龄比较大的；而汉语的"老师"也有"年龄大"的意思。

2. Confucius et Mencius sunt magistri boni.
孔子和孟子是好的老师。

et［连］和，与。
Mencius［人名］孟子；［阳，单，主］；从 Mencius, -i, m. 孟子。
sunt［动］他们是；［三复，现］；从 sum, esse 是。
magistri［名］老师们；［阳，复，主］，从 magister，见上。
boni［形］好的；［阳，复，主］；从 bonus, -a, -um 好的，善良的，优良的。

3. Sapiens non est vas.

君子不器。① （2:12）

sapiens ［名］智者，有智慧的人；［阳，单，主］；从 sapiens, -ntis, m. 智者。

vas ［名］器皿；［中，单，主］；从 vas, vasis, n. 容器，器皿，工具。

注：西方传统也曾将人比喻成"器皿"：Vas electionis est mihi. "这人是我所拣选的器皿。"（《新约·使徒行传》Act 9:15）Erit vas in honorem sanctificatum et utile Domino. "他必然成为有益于主人，便利行各种善工的器皿。"（《新约·提摩太后书》2 Tim 2:21）

中世纪哲学家托马斯·阿奎那认为，完美的精神生活意味着跨越一切界限并"走遍整个世界"：Finis animae humanae et ultima eius perfectio est: quod per cognitionem et amorem transcendat totum ordinem creaturarum et pertingat ad primum principium, quod Deus est. "人的心灵的目的和最后的完善在于这一点：要在认识和爱慕内跨越种种受造物的整个秩序，并且达到第一个原则，就是神。"（《反异教大全》*Summa Contra Gentiles*, 2, 87）

4. Inter quattuor maria omnes homines fratres sunt.

四海之内，皆兄弟也。（12:5）

---

① 现代汉语译为"君子应有广博的知识"，参见"汝，器也"（5:4）。

maria［名］海；「中，复，宾」；从 mare, maris, n. 海洋。

omnes［形］一切；［阳，复，主］；从 omnis, -e 一切，所有的，全部；修饰 homines。

homines［名］人们；［阳，复，主］；从 homo, -inis, m. 人。

fratres［名］弟兄；［阳，复，主］；从 frater, -tris, m. 弟兄。

sunt［动］他们是；［三复，现］；从 sum, esse 是。

注：请分析 CSP 对"四海之内，皆兄弟也。君子何患乎无兄弟也"的翻译：Ei quotquot existunt homines quatuor maria intra, id est, in orbe universo, omnes sunt majores natu fratres vel minores ex uno quasi sinu eiusdem matris effusi. Philosophus ergo quorsum angatur animo propterea quod nullos habeat fratres? "在四海内，就是说全世界上存在的人，都是自己的哥哥或弟弟们，好像都是由同一个母亲生育的。所以，哲人为什么忧虑自己没有弟兄呢？"

西方传统思想也很强调弟兄关系，他们认为因为共同的父亲创造了一切人，所以大家都是弟兄：Numquid non pater unus omnium nostrum? Numquid non Deus unus creavit nos? Quare ergo despicit unusquisque nostrum fratrem suum, violans pactum patrum nostrorum? "我们不是共有一个父亲吗？不是同一个天主造生了我们吗？为什么我们彼此欺骗，亵渎我们祖先的盟约？"(《旧约·玛拉基书》Mal 2:10)

5. Praeco sum et non auctor.

吾述而不作。（7:3）直译："我是宣布者，不是作者。"

praeco［名］宣布者；［阳，单，主］；从 praeco, -onis, m. 大声叫喊的人，宣布者，发表者。

sum［动］我是；［一单，现］；从 sum, esse 是。

auctor［名］作者；［阳，单，主］；从 auctor, -oris, m. 发起者，创造者，作者。

注：在西方传统中有希罗多德（Herodotos）的名言：Relata refero（希腊语为 legein ta legomena），即"报告那些曾经被说的东西"，也可以译为"忠实报告别人的说法"或"述而不作"。

参见 CSP 对"述而不作"的翻译：Praeco sum, seu relator, et non auctor doctrinae, quam palam facio. "就我所宣布的教导而言，我只是宣告者或报告者，而不是这个教导的作者。"

6. Rex est rex, subditus est subditus, pater est pater, filius est filius.

君君，臣臣，父父，子子。（12:11）

rex［名］国王，君主；［阳，单，主］；从 rex, regis, m. 国王。

subditus［名］臣民；［阳，单，主］；从 subditus, -a, -um 被置于下的，被征服的。注：subditus 本来是动词 subdo, subdere, subdidi, subditum 的完成时分词，与形容词的用法一样，在这里当

名词用。

　　pater［名］父亲；［阳，单，主］；从 pater, -tris, m. 父亲。
　　filius［名］儿子；［阳，单，主］；从 filius, -ii, m. 儿子。

　　注：CSP 在这里没有用 est，而使用 est 的虚拟式 sit。虚拟式表示一种愿望，意为"他应该是"。Rex sit rex, pater sit pater. "国君应该是国君，父亲应该是父亲。"西方传统的说法有：Filii, obedite parentibus vestris in Domino. "儿子们，你们应该在主内服从你们的父亲们。"（《新约·以弗所书》Eph 6:1）

　　从表达方面来看，重复一个词（在逻辑学中称 tautologia）表示肯定和强调，比如参见拉丁语成语：Sunt pueri pueri, puerilia tractant. "小男孩就是小男孩，他们就会弄出一些幼稚的事来。"还有《新约·马太福音》（Mt 5:37）的名言：Sit sermo vester: est, est; non, non. "你们话该当是：是就说是，非就说非。"（意即：要说实话）Quod scripsi, scripsi. "我写了就写了。"（意即：我已经写了，我不要改。见《新约·约翰福音》Jn 19:22）

7.Regere est dirigere sive rectificare.
　　政者，正也。（12:17）直译："统治是引导或纠正。"

　　regere［动］统治；［不定式］；从 rego, regere, rexi, rectus 管理，统治，指导，纠正。动词的不定式可以与名词一样使用，参照英语：To govern is to direct or to rectify. Governing is a kind of correcting.

dirigere［动］整理，纠正；［不定式］；从 dirigo, -rigere, -rexi, -rectum 摆平，弄直，整理，纠正。

sive［连］或者。

rectificare［动］纠正；［不定式］；从 rectifico, -are, -avi, -atum 纠正，使成为正直的。

注：拉丁语的"政治领导"是 rex（国君）或 rector（领导），这些词的词根就是 rego，而 rego 与 rectus（正直的，正当的）是一个意思。汉语的"政者，正也"与拉丁语的"Rex est regens, regere est dirigere"非常相似！

请参考 CSP 中"政者，正也。子帅以正，孰敢不正"的译文：Regere dirigere est, sive rectificare: Tu ergo si praeeas exemplo ad id omne quod rectum est ac honestum: ecquis tuorum audebit non esse rectus? "统治就是整理或纠正：如果你以身作则，随时准备做一切光明正大的事，在你的臣民中谁敢成为不正当的人呢？"

8. Paupertatem non odisse perquam difficile est.

贫而无怨难。（14:10）直译："不憎恨贫困是很难的。"

paupertatem［名］贫困；［阴，单，宾］；从 paupertas, -atis, f. 贫困，穷困。

odisse［动］憎恨；［不定式］；从 odi, odisse 憎恨。这个"残缺动词"只有完成时的形式，所以完成时的形式有现在的意义，

odisse 就等于英语的 to hate。

perquam［副］非常。

difficile［形］难；［中，单，主］；从 difficilis, -e 困难的，难做到的。拉丁语中有固定的句形：facile est..."……是容易的"；difficile est..."……是很难的"；delectabile est..."……是愉快的"；opus est..."……是必须的"。参见英文 it is easy to...；it is difficult to...；it is pleasant to...；it is necessary to...

注：参见全句"贫而无怨难，富而无骄易"的 CSP 译文：Versari in paupertate et tamen non odisse illam, perquam difficile est. Esse divitem et tamen esse sine fastu vel superbia facile est. "生活在贫困中而仍然不恨它是很难的事。享受富裕而仍然不成为骄傲的人，这是容易的。"

9. Discere et frequenter exercere se delectabile erit.
学而时习之，不亦乐乎？（1:1）

discere［动］学习；［不定式］；从 disco, discere, didisci 学习。
frequenter［副］经常；从 frequens, -ntis［形］屡次的，经常的。
exercere［动］练习；[不定式]；从 exerceo, ere, ui, itum 实行，练习，锻炼。
se［反身代词］自己。
delectabile［形］愉快的；［中，单，主］；从 delectabilis, -e

愉快的，快乐的。

erit［动］他将是；［三单，将］；从 sum, esse, fui 是；将来时 ero, eris, erit, erimus, eritis, erunt。

注：CSP 对这句话的翻译同时也是对"学习"的一种解释：Operam dare imitationi sapientium, et assidue exercitare sese in huiusmodi studio imitandi, nonne olim delectabile erit? "努力效法智者的榜样并积极地践行这种追求，这将来不会是很快乐的事吗？"

练习：
请将下列的句子变成复数形式。

Pater est magister bonus. => Patri sunt magistri boni.

Sapiens non est vas.

Rex est rex.

Filius est filius.

Omnis homo est frater meus.

Praeco sum.

Non sum auctor.

Hoc delectabile est.

Illa res difficile est.

Ille homo erit amicus meus.

第六章　有宾语的简句

动词可以分为"不及物动词"（verbum intransitivum；比如"站住""睡眠""起来""落下"等）和"及物动词"（verbum transitivum；比如"表达""想到""交出""使"等）。很多动词可以同时有"不及物"和"及物"的功能，比如"说""写""唱"等。如果动词是"及物动词"，它应该引出一个宾语，而这个宾语通常是宾格形式的。然而，有少数的拉丁语动词引出属格、与格或夺格形式的宾语。比如：

Memini tui. 我记得你，我想你。（tui 是属格）
Misereor eius. 我同情他。（eius 是属格）
Parce puero illi! 请宽恕那个小孩！（puero illi 是与格）
Utitur jure suo. 他使用自己的权利。（jure suo 是夺格）

拉丁语的词序很灵活，可以将主语放在前面，也可以将宾语放在前面。因为宾语一般使用宾格形式，所以句子的意义不会因词序改变而受很大的影响。比如：

孔子好古。Confucius（孔子；主格）amat（他爱；三单）antiquitatem（古代文化；宾格）。

Confucius amat antiquitatem. = Confucius antiquitatem amat.
= Antiquitatem amat Confucius. = Antiquitatem Confucius amat.
= Amat Confucius antiquitatem. = Amat antiquitatem Confucius.

请注意：被强调的单词经常置于首位。Antiquitatem amat Confucius. 可以译为"孔子尤其爱古代文化"。Amat Confucius antiquitatem. 可以译为"孔子确实爱古代文化"或"孔子肯定爱古代文化"。

下列例句都有宾格形式的宾语。

1. Confucius ait: Credo et amo antiquitatem.
子曰："信而好古。"（7:1）

ait［动］他说；［三单，主动，现］；从 aio（残缺动词；一般只出现 ait 他说；aiunt 他们说）。

credo［动］我相信；［一单，主动，现］；从 credo, credere, credidi, creditum 相信，信任。

amo［动］我爱；［一单，主动，现］；从 amo, amare, amavi, amatum 爱，喜欢。

antiquitatem［名］古代文化；［阴，单，宾］；从 antiquitas,

第六章 有宾语的简句

-atis, f. 古代，古代文化。

2. Virtus habet vicinos suos.
德不孤，必有邻。（4:25）

virtus［名］美德；［阴，单，主］；从 virtus, -utis, f. 美德，能力，勇气。
habet［动］他有；［三单，主动，现］；从 habeo, habere, habui 拥有，有。
vicinos［名］邻居；［阳，复，宾］；从 vicinus, -i, m. 邻居。
suos［物主代表］他的；［阳，复，宾］；从 suus, -a, -um 他的。

注：参见 CSP 对"德不孤，必有邻"的翻译：Virtus non est solitaria nec desertae instar, omnino habet vicinos suos, cultores, inquam, et sectatores. "美德不是孤独的，也不是被放弃的，它肯定有自己的邻居、培养者，或者说追随者。"参见托马斯·阿奎那的观点：Impossibile est, quod aliquis homo sit bonus, nisi bene proportionatus bono communi. "如果一个人与社会公益没有正当的关系，他不可能是好人。"（《神学大全》S. Th. I, II, 92, 1 ad 3）

3. Sapiens habet tres timores: timet caeli mandatum, timet magnos viros, timet Sanctorum verba.
君子有三畏：畏天命，畏大人，畏圣人之言。（16:8）

sapiens［名］智者；［阳，单，主］；从 sapiens, -ntis, m. 有智慧的人。

tres［基数词］三；［阳，复，宾］；从 tres（阳、阴），tria（中）。阳性变格：tres, trium, tribus, tres, tribus。

timores［名］敬畏；［阳，复，宾］；从 timor, -oris, m. 恐惧，敬畏，害怕。

timet［动］他敬畏；［三单，主动，现］；从 timeo, -ere, -ui 敬畏，害怕。

caeli［名］天的；［中，单，属］；从 caelum, -i, n. 高天，天，天堂。

mandatum［名］命运；［中，单，宾］；从 mandatum, -i, n. 命令，任命，命运，任务。

magnos［形］大的；［阳，复，宾］；从 magnus, -a, -um 大的。

viros［名］男人们；［阳，复，宾］；从 vir, viri, m. 男人，人。

Sanctorum［名］圣人们；［阳，复，属］；从 Sanctus, -i, m. 圣人，（基督宗教的）圣徒。

verba［名］话语，言词；［中，复，宾］；从 verbum, -i, n. 话语。

注：西方传统也重视"敬畏感"（拉丁语为 timor，希腊语为 phobos，古希伯来语为 jirah），比如《旧约》说：Timor Domini est principium sapientiae. "敬畏上主是智慧的开端。"（《旧约·箴言》Prv 1:7）CSP 的译者用大写的词头来表示对"圣人"（Sanctorum）的尊敬。在基督宗教传统中，Sancti（也可以小写为 sancti）指模范

基督徒，即 apostoli 使徒、martyres 殉道者、patres ecclesiae 教父、doctores ecclesiae 圣师等人物。

4. Mors et vita habent legem.
死生有命。（12:5）

mors［名］死亡；［阴，单，主］；从 mors, mortis, f. 死亡。
vita［名］生命；［阴，单，主］；从 vita, -ae, f. 生活，生命。
habent［动］他们有；［三复，主动，现］；从 habeo, -ere, -ui 拥有，有。
legem［名］规律；［阴，单，宾］；从 lex, legis, f. 规律，法律，命令。

注：参见 CSP 对"死生有命，富贵在天"的翻译：Mors et vita habent inviolabilem quandam a caelo legem. Opes item et honores in arbitrio sunt et potestate caeli; atque adeo neque haec neque illa arbitrii sunt nostri."死亡与生命有一种来自上天的、不可违背的规律。同样，财富与荣誉都是天随意决定的，所以无论是前者或后者，都不是由我们人决定的。"请注意前句将"命"译成 mandatum，这里译成 lex。翻译"命"时还可以考虑 fatum（命运）、fortuna（运气）、providentia（预先安排）等词。

5. Sapiens causam peccati exquirit ab se.

君子求诸己。（15:21）

causam［名］原因；［阴，单，宾］；从 causa, -ae, f. 来源，理由，原因。

peccati［名］罪恶的；［中，单，属］；从 peccatum, -i, n. 罪恶，罪行。

exquirit［动］他要求；［三单，主动，现］；从 exquiro, -quirere, -quisivi, -quisitum 寻出，追求，要求。

se［反身代词］对自己。

注：参见 CSP 对"君子求诸己，小人求诸人"的翻译：Sapiens causam peccati dataeque offensionis exquirit ab se: stultus exquirit ab aliis. "明智的人向自己寻求罪恶或侵犯行为的原因，而愚蠢的人向别人寻找它。"

《新约》用很形象的表达方式说明类似的意思：Quid vides festucam inoculo fratris tui, et trabem in oculo tuo non vides? "为什么你只看见你兄弟眼中的木屑，而对自己眼中的大梁竟不理会呢？"（《新约·马太福音》Mt 7:3）中世纪晚期最著名的经典之一是托马斯·肯皮斯（Thomas à Kempis）的《师主篇》（*Imitatio Christi*，亦译为《效法基督》），其中有这样的话：Qui sibi displicet Deo placet. "上主喜欢对自己不满意的人。"

6. Ego quotidie de tribus rebus examino me ipsum.

吾日三省吾身。（1:4）

ego［人称代词］我；［单，主］。

quotidie［副］每天。参见 quot［副］多少；dies, -ei, m.［名］日子，天。

de［介］关系；加夺格。

tribus［数字］三个；［夺］；从 tres, tria 三，三个。

rebus［名］事情；［阴，复，夺］；从 res, rei, f. 事情。

examino［动］我检查；［一单，主动，现］；从 examino, -are 检查，反省。

me［人称代词］我；［单，宾］；从 ego 我。

ipsum［代词］自己；［阳，单，宾］；从 ipse, -a, -um 他自己；自己。

7. Homo potest magnificare normam rationis.

人能弘道。（15:29）

homo［名］人；［阳，单，主］；从 homo, hominis, m. 人。

potest［动］他能，［三单，主动，现］，从 possum, posse, potui 能，可以。

magnificare［动］赞扬；［不定式，现］；从 magnifico, -are 赞扬，宏扬。

normam［名］标准；［阴，单，宾］；从 norma, -ae, f. 标准，规则。

rationis［名］理性；［阴，单，属］；从 ratio, -onis, f. 理性。

注：请参考 CSP 对"人能弘道，非道弘人"的翻译：Homo potest illustrem reddere et magnificare normam rationis; non autem citra conatum arbitriumque hominis norma rationis per se valet magnificare hominem.

8. Yan Yuan consulit magistrum de caritate.
颜渊问仁。（12:1）

Yan Yuan［人名］颜渊；［阳，单，主］。

consulit［动］他与……商量；［三单，主动，现］；从 consulo, -ere, -ui, -tus 商榷，商量。

magistrum［名］老师；［阳，单，宾］；从 magister, -tri, m., 老师。

caritate［名］仁慈；［阴，单，夺］；从 caritas, -atis, f. 仁慈。

宾格和不定式（Accusativus cum Infinitivo, ACI）

拉丁语和英语有这样的句法结构：

［英语］They help. We ask them to help.（them 宾格，to help 不

定式）

［拉丁语］Illi adiuvant. Oramus illos adiuvare.（illos 宾格，adiuvare 不定式）

［现代汉语］他们帮忙。我们请他们帮忙。

［英语］He loves antiquity. I know him to love antiquity.（him 宾格，to love 不定式）

［拉丁语］Is amat antiquitatem. Scio eum amare antiquitatem.（eum 宾格，amare 不定式）

［现代汉语］他好古。我知道他好古。

［英语］The girl will come today. I expect her to come today.（him 宾格，to come 不定式）

［拉丁语］Puella veniet hodie. Exspecto eam venire hodie.（eam 宾格，venire 不定式）

［现代汉语］小女孩今天要来。我期待她今天来。

这种"宾格和不定式"（ACI）结构经常在表示"说""要求""命令""感觉""想""认为"等含义的动词之后。因为 ACI 句子有时候不太方便分析，中世纪的拉丁语多次用 quod 来改写 ACI 句子，而英语继承了这种做法。请看下例句子：

［拉丁语］Scimus Confucium antiquitatem amare. = Scimus quod

Confucius antiquitatem amat.

［英语］ We know that Confucius loved antiquity.

［拉丁语］ Certum est Confucium antiquitatem amavisse. = Certum est quod Confucius antiquitatem amavit.（amavisse 是完成时不定式，即英语的 to have loved）

［英语］ It is certain that Confucius loved antiquity.

［拉丁语］ Confucius dicit se antiquitatem amare. = Confucius dicit quod ipse antiquitatem amat.

［英语］ Confucius said that he (himself) loved antiquity.

练习：

请写出下列句子的复数形式。

Omnis homo habet virtus sua.

Sapiens habet tres timores.

Sapiens causam peccati exquirit a se.

Ego quotidie examino me ipsum.

Homo potest magnificare normam rationis.

Discipulus consulit magistrum.

第七章 动词的被动式

拉丁语动词的被动形式可以从词尾的变化辨认出来[①],比如:

主动	被动	主动	被动
amo	amor 我被爱	dico	dicor 我被说
amas	amaris 你被爱	dicis	diceris 你被说
amat	amatur 他被爱	dicit	dicitur 他被说
amamus	amamur 我们被爱	dicimus	dicimur 我们被说
amatis	amamini 你们被爱	dicitis	dicimini 你们被说
amant	amantur 他们被爱	dicunt	dicuntur 他们被说

请学习并记住主动不定式和被动不定式。

	赞美	劝勉	管理	聆听	取得
主动:	laudare	monere	regere	audire	capere
被动:	laudari	moneri	regi	audiri	capi

请看下面的例句并分析其中的被动式形式。

[①] 参见附录一语法变位表的"动词"部分。

1. Peccare et non emendare, hoc dicitur peccare.

过而不改，是谓过矣。（15:30）

peccare［动］犯罪；［不定式，主动］；从 pecco, -are, -avi, -atum 犯罪。

emendare［动］改善；［不定式，主动］；从 emendo, -are, -avi, -atum 修改，改善，改进。

hoc［指示代词］这个；［中，单，主］；从 hic, haec, hoc 这个。

dicitur［动］它被称为；［三单，被动，现］；从 dico, dicere, dixi, dictum 说话，说，称。

注：参见第二十二章《中庸》第一句"天命之谓性"的翻译：Quod a caelo inditum est, dicitur natura rationalis."谓"被译成"dicitur"。

2. Haec potest dici caritatis regula.

可谓仁之方也已。（6:30）

haec［指示代词］这个；［阴，单，主］或［中，复，主］；从 hic, haec hoc 这个。动词 potest 是单数的，所以 haec 也应该是单数的（阴性），但中性的复数有时候可以当一个"集体"，所以动词使用单数。在这个句子中，haec 是复数中性的，指前面抽象的"东西"。

potest［动］它能够；［三单，主动，现］；从 possum, posse,

potui 能够。此动词是 sum, esse 的复合词,所以符合 sum, esse 的变位。

dici [动] 被称为;[不定式,被动];从 dico, dicere 说。

caritatis [名] 仁慈的;[阴,单,属];从 caritas, -atis, f. 仁慈。

regula [名] 规律;[阴,单,主];从 regula, -ae, f. 准则,规律。

注:参见 CSP 对"夫仁者,己欲立而立人,己欲达而达人。能近取譬,可谓仁之方也已"的翻译:Alios itaque diligamus, sicut nos ipsi diligimus: Alios ex nobis metiamur: labores aliorum et commoda ex nostris aestimemus, haec demum potest dici virtutis Gin [=ren 仁], sive memoratae jam caritatis ac pietatis exercitandae ars ac regula. 英语翻译:A benevolent man is one who helps others to establish what he himself wishes to establish, helps others achieve something he wishes to achieve. To be capable of treating others as one would be treated oneself is the best way to be benevolent.

3. Tota mens proborum occupatur virtute.

君子喻于义。(4:16)

tota [形] 整个;[阴,单,主];从 totus, -a, -um 全部,整个。

mens [名] 精神;[阴,单,主];从 mens, mentis, f. 精神,意识,记忆力,头脑。

proborum [形] 正直(人)的;[阳,复,属];从 probus, -a, -um 正直的,公正的,荣誉的。形容词在此当名词用,译为"君子"。

occupatur［动］它被充满；［三单，被动，现］；从 occupo, -are, -avi, -atum 占据，充满，统治。

virtute［名］由于美德；［阴，单，夺］；从 virtus, -utis, f. 美德，德性。夺格表示方式、工具，意为"用美德来充满"。

注：请参考 CSP 的对"君子喻于义，小人喻于利"的翻译：Proborum tota mens et cogitatio occupatur una virtute, improbi contra suis intenti commodis.

请比较西方传统中"全心投入"的说法：Diliges Dominum Deum tuum ex toto corde tuo, et ex tota anima tua, et ex tota fortitudine tua. Eruntque verba haec, quae ego praecipio tibi hodie, in corde tuo. "你当全心、全灵、全力爱上主，你的天主。我今天吩咐你的这些话，你应牢记在心。"（《旧约·申命记》Dtn 6:5—6）

4. Haud dubie dabitur in his magister meus.

必有我师。（7:22）

haud［副］不，几乎无。

dubie［副］有疑地。Haud dubie 毫无疑问，很可能。

dabitur［动］他将被给予的，有他；［三单，被动，将］；从 do, dare, dedi, datus 给予。被动"他将被给予"等于"他将存在""会有他"。

his［指示代词］这些；［阳，复，夺］；从 hic, haec, hoc 这个。

magister［名］老师；［阳，单，主］；从 magister, -tri, m. 老师。
meus［物主代词］我的；［阳，单，主］；从 meus, mea, meum 我的。

注：参见 CSP 对"三人行，必有我师焉"的翻译：Si vel tres dumtaxat homines pariter ambulemus, haud dubie dabitur in his meus magister.

参见《新约·马太福音》（Mt 23:8—11）的名言：Vos autem nolite vocari Rabbi, unus est enim Magister vester, omnes autem vos fratres estis. Et patrem nolite vocare vobis super terram, unus est enim Pater vester, qui in caelis est. Nec vocemini magistri: quia Magister vester unus est, Christus. Qui maior est vestrum, erit minister vester. "你们不要让人叫你们'老师'……"

请在拉丁语词典中查找拉丁语关于"老师"的丰富词汇：auctor, cultor, doctor, educator, grammaticus, litterator, ludimagister, nutricius, paidagogus, praeceptor, professor。

5. Putre lignum non est aptum sculpi.
朽木不可雕也。（5:10）

putre［形］腐烂的；［中，单，主］；从 putris, -e, = puter, -tris, -tre 腐烂的，败坏的。

lignum［名］木头；［中，单，主］；从 lignum, -i, n. 木头，木材。

aptum［形］适合的；［中，单，主］；从 aptus, -a, -um 合适的，适当的；参见动词 apto, aptare 调节，使适应。

sculpi［动］被雕刻；［不定式，被动，现］；从 sculpo, -pere, -psi, -ptum 雕刻。

6. Populo quidem potest, et vero debet praecipi legum exsecutio. At non potest aeque praecipi scientiae studium.

民可使由之，不可使知之。（8:9）直译："对人民来说，种种法条的执行可以且必须被教导，但对知识的追求则不能同样地被教导。"

populo［名］对于人民；［阳，单，与］；从 populus, -i, m. 人民，民众。

quidem［副］确实，然而。

potest［动］它能够；［三单，主动，现］；从 possum, posse 能够。

vero［副］诚然，确实，然而。

debet［动］它必须；［三单，主动，现］；从 debeo, debere 必须。

praecipi［动］被教导；［不定式，被动，现］；从 praecipio, -cipere, -cepi, -ceptum 教导，教训。

legum［名］诸法律的；［阴，复，属］；从 lex, legis, f. 法律。

exsecutio［名］实践，执行；［阴，单，主］；从 exsecutio (=executio), -onis, f. 执行，实行。

aeque［副］同等地，同样地。

scientiae［名］知识的；［阴，单，属］；从 scientia, -ae, f. 知识，学科，科学。

studium［名］追求；［中，单，主］；从 studium, -ii, n. 追求，努力。

注：现代的学者认为，如果加上一些标点符号则可以完全改变原句的意思，比如："民可，使由之；不可，使知之。"（"人们有能力，就让他们进行；如果没有能力，就教导他们。"）

《圣经》中记载以赛亚（Isaias）先知曾有崇高的希望，他说：Et ibunt populi multi, et dicent: Venite, et ascendamus ad montem Domini, et ad domum Dei Iacob; et docebit nos vias suas, et ambulabimus in semitis eius, quia de Sion exibit lex, et verbum Domini de Ierusalem. "很多民族的人将会来耶路撒冷，因为他们想学习上主的法律。"（《旧约·以赛亚书》Is 2:3）

7. Homines natura conjuncti sunt.

性相近也。（17:2）

natura［名］由于自然本性；［阴，单，夺］；从 natura, -ae, f. 自然，本性。夺格可以表示"原因"，参见英语的 by nature "自然地"。

conjuncti sunt［动］他们曾经被联结，他们有连接；［三复，被动，完］；从 conjungo (=coniungo), -jungere, -junxi, -junctum 结合，联结，连接。完成被动式是 conjunctus sum "我曾是被联结的"，也可以

理解为"我现在是联结的";完成时可以表示"在过去开始,而现在有结果的行动";参见形容词 conjunctus, -a, -um 连接的。

注:CSP 对"性相近也,习相远也"的翻译是:Homines natura et rationis lumine inter se mutuo proxime conjuncti, studiis saepe moribusque inter se longissime distant. 英语翻译:Men are similar to one another by nature. They diverge as a result of different customs.

部分拉丁语动词只有被动形式,但其意思仍然是主动的,这些动词被称为 verba deponentia。如果在词典里遇到这种被动的写法,应该认出来这些动词,比如:

aspernor, -ari, -atus sum 蔑视

fungor, fungi, functus sum 完成,实现

indignor, -ari, -atus sum 感到不满意,反感(参见第六章例句 6)

loquor, loqui, locutus sum 说话

morior, mori, mortuus sum 死去

nascor, nasci, natus sum 出生,形成

utor, uti, usus sum 使用

请看下面的例句。

1. Sapiens nec ob sermonem evehit hominem, nec ob hominem (qualiscumque is sit) aspernatur ac negligit sermonem.

君子不以言举人，不以人废言。（15:23）

ob［介］因为，由于；加宾格。

sermonem［名］言词；［阳，单，宾］；从 sermo, -onis, m. 讲话，言词。

evehit［动］他抬高；［三单，主动，现］；从 eveho, evehere, evehi, evectum 抬高，赞扬。

hominem［名］人；［阳，单，宾］；从 homo, -inis, m. 人。

qualiscumque［形］无论如何的；［阳，单，主］；从 qualiscumque, qualecumque 无论如何的。

sit［动］他可能是；［三单，现，虚］；从 sum, esse 是；qualiscumque is sit 等于英语的 however he may be。

aspernatur［动］他蔑视；［三单，被动，现］；从 aspernor, -ari 蔑视；此动词只有被动的形式，但其意思仍然是主动的。

negligit［动］他忽略；［三单，主动，现］；从 negligo, -ligere, -lexi, -lectus（亦写 neglego, neglegere）忽略，不注意。

2. Non indignor caelo, non culpo homines.

不怨天，不尤人。（14:35）

indignor［动］我抱怨；［一单，被动，现］；从 indignor,

-ari, -atus sum 反感，抱怨；此动词只有被动的形式，但其意思是主动的。

caelo［名］对于天；［中，单，与］；从 caelum, -i, n. 天，高天。

culpo［动］我责怪；［一单，主动，现］；从 culpo, -are, -avi, -atum 责怪，谴责。

homines［名］人们；［阳，复，宾］；从 homo, -inis, m. 人。

注：请看CSP对"不怨天，不尤人。下学而上达。知我者其天乎"的翻译：Non ego indignor caelo, non etiam culpo mortales: orsus ab inferioribus non sine labore et constantia res disco, et sic paulatim gradum faciens ad sublimiora evado ac penetro. Interim quod perspectum habet me, ipsum est caelum.

在西方传统中，最有"怨天"理由的人是约伯（Job），因为他失去了所有孩子、财产和身体健康，但：In omnibus his non peccavit Job labiis suis, neque stultum quid contra Deum locutus est. "就这一切事而论，约伯并没有犯罪，也没有说抱怨天主的话。"（《旧约·约伯记》Job 1:22）

练习：
请翻译。

Si vis amari, ama!

Magister bonus semper amatur.

Tempora mutantur, nos et mutamur in illis.

Quod in iuventute non discitur, in matura aetate nescitur.

Iudex damnatur, ubi vir malus absolvitur.

Nemo punitur pro alieno delicto.

Poenam cogitationis nemo patitur.

Qui utitur iure suo neminem facit iniuriam.

第八章　疑问句

拉丁语的疑问句中使用这些疑问词：quis 谁（主格）；quid 什么（主格）；cuius 谁的（属格）；cui 对于谁（与格）；quem 谁（宾格）；quo 通过谁，通过什么，到哪里（夺格）。

比如：Quis venit？谁来了？ Quid faciamus? 我们应该做什么？Cuius liber hic est？这是谁的书？ Cui donum dabo？我把礼物给谁？Quem vidisti？你看到谁呢？ Ad quem ibimus？我们要找谁？ Quo vadis？你去哪里？ A quo venis？你从哪里来？

请在附录一里查找下列疑问词（副词，小品词）：
nonne 难道不？不会吗？
quomodo 如何？以什么方式？怎么样？
quando 何时？什么时候？
ubi 在哪里？
unde 从哪里？
cur 为什么？ quare 为什么？因什么原因？

1. Discere nonne erit olim delectabile?

学而时习之，不亦乐乎？（1:1）

discere［动］学习；［现，不定式］；从 disco, discere 学习。
erit［动］它将是；［三单，将］；从 sum, esse 是。
olim［副］某日，久远，将来。
delectabile［形］愉快的；［中，单，主］；从 delectabilis, -e 愉快的。

2. Nonne is fuit Xun (=Shun)?

其舜也与？（15:5）

is［指示代词］他；［阳，单，主］；从 is, ea, id 他。
fuit［动］他曾经是；［三单，完］；从 sum, esse, fui 是。
Xun［人名］舜；［阳，单，主］。注意：Xun 没有变格形式。

注：参见 CSP 对"无为而治，其舜也与"的翻译：Nihil agens et tamen imperans, nonne is fuit Xun? 英语翻译：It was, perhaps, only Shun who brought peace to the multitude without taking any action against natural order.

3. Necdum probe nosti vivere, quomodo nosces mori?

未知生，焉知死？（11:12）

necdum［副］尚未。

probe［副］正当地，适当地；从 probus, -a, -um［形］正当的。

nosti［动］你知道；［二单，完］；nosti 是 novisti 的简写形式。从 novi, novisse 知道。此动词多用完成时来表达现在的情况，现在时应该是 cognosco, cognoscere。

vivere［动］生活；［不定式］；从 vivo, vivere, vixi 生活。

nosces［动］你将知道；［二单，主动，将］；从 novi, novisse 知道，认识。

mori［动］去世；［不定式］；从 morior, mori, mortuus sum 死去，去世。

注："子曰：未能事人，焉能事鬼？曰：敢问死。曰：未知生，焉知死？"参见 CSP 对此句的翻译：Tu, inquit, necdum probe nosti servire hominibus, qui ante oculos tuos versantur quotidie, quomodo poteris servire spiritibus a nostro mortalium sensu tam remotis? Ergo liceat mihi saltem (inquit idem discipulus) exquirere abs te de morte. Respondet: Necdum probe nosti vivere, quomodo nosces mori?

在西方传统中有类似的话：Si quis dixerit quoniam diligo Deum, et fratrem suum oderit, mendax est. Qui enim non diligit fratrem suum quem videt, Deum, quem non videt, quomodo potest diligere? Et hoc mandatum habemus a Deo: ut qui diligit Deum, diligat et fratrem suum."如果有人说我爱上帝，却恨他的兄弟，那他就是骗子。因

为谁不爱他所看见的兄弟,反而爱看不见的神呢?我们从上帝那里得到这条命令:爱上帝的人也要爱他的兄弟。"(《新约·约翰一书》1 Jn 4:20)

4. Quomodo dependeat ab aliis hominibus?
(为仁由己,)而由人乎?(12:1)

quomodo [疑问词] 如何,以什么方式,怎能。
dependeat [动] 它可能取决于;[三单,主动,现,虚];从 dependeo, -ere 取决于;现在时的虚拟式表示可能性。
aliis [代词] 其他的;[阳,复,夺];从 alius, alia, aliud 其他的。

注:参见 CSP 对此句的翻译:Hoc et oritur et dependet ab ipsomet homine, quomode autem dependeat vel oriatur ab aliis hominibus?

5. Caelum quomodo fatur? Caelum quomodo loquitur?
天何言哉?(17:19)

caelum [名] 天;[中,单,主];从 caelum, -i, n. 天,高天;caelum 有时候写成 coelum。
quomodo [疑问词] 如何?
fatur [动] 他说;[三单,被动,现];从 for, fari, fatus sum 说,讲话,预言;此动词只有被动形式,意思仍然是主动的。For,

fari 是残缺动词，有的形式很少出现，比如 for 基本上不用。

loquitur [动] 他说话；[三单，被动，现]；从 loquor, loqui, locutus sum 说话；此动词只有被动形式，意思仍然是主动的。

注：参见 CSP 对"天何言哉？四时行焉，百物生焉，天何言哉"的翻译：Coelum quomodo fatur? Qua voce, qua ratione nos docet ac instituit? Ecce quatuor anni tempestates, ut peragunt cursum suum, ut item universae res felicissime procreantur. Coelum igitur quo tandem modo loquitur?

耐人寻味的是，《旧约》一方面说大自然现在以无声的赞美说出神的荣耀：Caeli enarrant gloriam Dei.... Non sunt loquelae, neque sermones, quorum non audiantur voces eorum."诸天述说神的荣耀……无言无语，也无声音可听。"（《旧约·诗篇》Ps 18:1—4）另一方面，以色列人还认为上主给他们启示自己的律法，所以法律的"声音"等于上主的声音：Haec verba locutus est Dominus ad omnem multitudinem vestram in monte de medio ignis, et caliginis, voce magna."这些话（即律法的十诫）是上主在山上，从火中、云中、幽暗中，大声晓谕你们全会众的。"（《旧约·申命记》Dtn 5:22）

6. Quis audebit non esse rectus?

孰敢不正？（12:17）

quis [疑问词] 谁？

第八章　疑问句

audebit［动］他将敢；［三单，主动，将］；从 audeo, -ere, ausus sum 敢于，敢。

esse［动］是；［不定式］；从 sum, esse 是。

rectus［形］正直的；［阳，单，主］；从 rectus, -a, -um 正直的，正确的。

注：参见 CSP 对"正者，正也。子帅以正，孰敢不正"的翻译：Regere, dirigere est, seu, rectificare: Tu ergo si praeeas exemplo ad id omne quod rectum est ac honestum: ecquis tuorum audebit non esse rectus? "统治等于指导或纠正：如果你追求一切正直的、荣誉的事，这样立一个榜样，那么在你的臣民中还会有谁敢是不正直的？"这和俗语"上梁不正，下梁歪"是一个意思，但孔子是从好的方面看待人生的。

在西方传统中也有"上梁正，下梁不歪"的说法，比如：Qualis rex, talis et grex. "君主如何，群众就如何。"而犹太人的《旧约》很大胆地要求人效法上主的完善：Loquere ad omnem coetum filiorum Israel, et dices ad eos: Sancti estote, quia ego sanctus sum, Dominus Deus vester. "你晓谕以色列全会众说：你们要圣洁，因为我，上主，你们的神是圣洁的。"（《旧约·利未记》Lev 19:2）

7. Philosophus quare angatur animo, propterea quod nullos habeat fratres?

君子何患乎无兄弟也？（12:5）

Philosophus［名］哲学家；［阳，单，主］；从 philosophus, -i, m. 哲学家，学者。

quare［疑问词］为什么；CSP 写为 quorsum，也是"为什么"的意思。

angatur［动］他感到忧郁；［三单，被动，现，虚］；从 ango, angere, anxi 窒息，使感到忧郁。

animo［名］在心里；［阳，单，夺］；从 animus, -i, m. 心灵，精神，心情；夺格表示姿态。

propterea［连］由于，因为。

quod［连］等于英语的 that，引发一个事实；propterea quod 相当于英语 because of the fact that。

nullos［形］没有；［阳，复，宾］；从 nullus, -a, -um 无，没有的。

habeat［动］他可能有；［三单，主动，现，虚］；从 habeo, -ere 拥有，有。

fratres［名］弟兄们；［阳，复，宾］；从 frater, -tris, m. 弟兄（哥哥或弟弟）。

8. Virtusne longe abest a nobis?

仁远乎哉？（7:30）

virtus［名］美德；［阴，单，主］；从 virtus, -utis, f. 美德，能力。

-ne［后缀］表示疑问。

longe［副］远远地；从 longus, -a, -um［形］遥远的，远的。

abest［动］他不在场；［三单，现］；从 absum, abesse, afui 不在场，远离。

a［介］从，离；加夺格。

nobis［人称代词］我们；［夺格］。

注：参见 CSP 对"仁远乎哉？我欲仁，斯仁至矣"的翻译：Virtusne fortassis abest longe a nobis? Ego certe si expeto virtutem, haec ipsa virtus ad me accessit. Foris quaerenda non est, quae nobiscum nascitur. "难道美德离我们很远吗？如果我确定地追求美德，这种美德就向我走近。因为它天生地属于我们，我们就不应该在外面寻找它。"

这就让我们联想到：Mandatum hoc, quod ego praecipio tibi hodie, non supra te est, neque procul positum... Sed iuxta te est sermo valde, in ore tuo, et in corde tuo, ut facias illum. "我今日所吩咐你的诫命，不是你难行的，也不是离你远的……这话离你甚近，就在你口中，在你心里，使你可以遵行。"（《旧约·申命记》Dtn 30:11—14）

练习：

请翻译。

Quando venis? Venisne cras?

Ubi est liber meus? Estne in manibus tuis?

Ubi vivunt parentes mei? Nonne vivunt in civitate?

Unde magister noster venit? Nonne venit de Italia?

Quo vadis, domine? Vadisne Romam?

Quem vides ante portam? Videsne magistram nostram?

Cur non discite? Quare non discite? Quid est?

Quis est primus discipulorum? Ubi sunt optimi discipuli?

第九章 命令式

拉丁语的命令式主要是第二人称单数和第二人称复数的命令式：

lauda! 你应该赞美！　　　　　　laudate! 你们应该赞美！

mone! 你应该提醒！　　　　　　monete! 你们应该提醒！

rege! 你应该管理！　　　　　　regite! 你们应该管理！

拉丁语还有一种比较严肃的命令式，有时候也被称为"将来时的命令式"（Future Imperative）；其中有 -ato, -eto, -ito 词尾的形式是模棱两可的，可能是第二人称或第三人称的命令式。这种命令式比较少见，但 CSP 的译者喜欢使用庄严的表达方式，所以也用这种"将来时命令式"：

laudato! 你 / 他应该赞美！　　　scito! 你 / 他应该知道！

laudatote! 你们应该赞美！　　　scitote! 你们应该知道！

laudanto! 他们应该赞美！　　　sciunto! 他们应该知道！

esto! 你 / 他应该是！　　　　　audito! 你 / 他应该听！

estote! 你们应该是！　　　　　auditote! 你们应该听！

sunto! 他们应该是!   audiunto! 他们应该听!

如果动词只有被动形式（所谓 verba deponentia），其命令式是这样的：

loquere! 你说吧!   miserere mei! 你可怜我吧!
loquimini! 你们说吧!   miseremini mei! 你们可怜我吧!

除此之外，虚拟式也可以表示"愿望"或"命令"，尤其是现在时的虚拟式：

hoc facias! 你应该做这事!
Gaudeamus! 我们应该高兴吧!
Fiat voluntas tua! 但愿你的旨意实现!
ne hoc faciatis! 你们不应该做这事!

禁令有时候使用 noli（你不要）和 nolite（你们不要），如：
noli abire! 你不要离开!
nolite loqui! 你们不要说话!

1. Sic disce quasi nondum perveneris, et si didicisti aliquid, time ne amittas!

学如不及，犹恐失之。（8:17）

sic［副］这样。

disce［动］你应该学习；［命令式，单数］；从 disco, discere, didici 学习。

quasi［副］似乎，好像；经常要求虚拟式。

nondum［副］尚未。

perveneris［动］你可能达到；［二单，主动，完，虚］；从 pervenio, -venire, -veni 达到，获得。注：quasi nondum perveneris 的英语翻译为 as if you had not achieved it yet.（虚拟式表示可能性）

didicisti［动］你曾经学习；［二单，主动，完，直］；从 disco, -ere 学习。

aliquid［不定代词］某事物；［中，单，宾］；从 aliquis, aliquid 某人，某物。

time［动］你应该担心！［命令式，单］；从 timeo, -ere, -ui 害怕，担心。

ne［连］为了不，以免；ne 开始一个"否定的目的从句"，经常要求虚拟式。

amittas［动］你可能失去；［二单，主动，现，虚］；从 amitto, amittere, amisi, amissum 失去，丢失。

2. Fidenter et fortiter loquere, fidenter et fortiter age!

危言危行。（14:3）

fidenter［副］有信心地，大胆地；从 fidens, -ntis［形］有信心的，大胆的。

fortiter［副］强有力地，勇敢地；从 fortis, -e［形］强的，有力的，勇敢的。

loquere［动］你应该说话；［命令式，单］；从 loquor, loqui, locutus sum 说。

age［动］你应该行动；［命令式，单］；从 ago, agere, egi, actum 行动，进行。

注：请比较全句"邦有道，危言危行；邦无道，危行言孙"的拉丁语和英语翻译。拉丁语翻译：Si in regno quopiam viget lex auctoritasque boni principis, fidenter fortiterque loquere, fidenter fortiterque age. In regno si jacent leges auctoritasque principis, tunc nihilominus fidenter quidem fortiterque agendum est, attamen sermones solito plus facilitatis ac submissionis habeant. 英语翻译：Under wise and honest government, speak and act in a straight and upright fashion; under dark and corrupt government, act in a straight and upright fashion, but in speech be affable and cautious. "国家政治清明，说话要正直，行为也要正直；国家政治黑暗，行为要正直，说话却要随和谨慎。"

3. Loquere simpliciter, candide, cum fide; age constanter, graviter, mature!

言忠信，行笃敬。（15:6）

simpliciter［副］简单地；从 simplex, -icis［形］简单的，简朴的。
candide［副］坦白地；从 candidus, -a, -um［形］白色的；

第九章 命令式

诚心的。①

fide［名］信用；［阴，单，夺］；从 fides, -ei, f. 信用，信仰；cum fide 讲信用。

constanter［副］坚定地；从 constans, -antis［形］坚定的，稳固的，恒定的。

graviter［副］严肃地；从 gravis, -e［形］重的，稳定的，严肃的。

mature［副］成熟地；从 maturus, -a, -um［形］成熟的。

4. Contra rationem ne quid cernito, ne quid audito, ne quid effatur, ne motum suscipito!

非礼勿视，非礼勿听，非礼勿言，非礼勿动。（12:1）

contra［介］违反，违背，反对；加宾格。

rationem［名］原则；［阴，单，宾］；从 ratio, -onis, f. 考虑，原则，理性。

quid［不定代词］某事物；［中，单，宾］；从 quis, quid 某事物（与 aliquis, aliquid 一样）。

cernito［动］你/他应该看；［命令式，二、三单］；从 cerno, -ere 考虑，区分，看。

audito［动］你/他应该听；［命令式，二、三单］；从 audio, -ire 听。

---

① 参见汉语的"坦白"。

effatur［动］他说；［三单，现］；从 effor, effari, effatus sum 说出，表达。

motum［名］动作；［阳，单，宾］；从 motus, -us, m. 行动，动作。

suscipito［动］你/他应该开始；［命令式，二、三单］；从 suscipio, -cipere, -cepi 承担，开始。

注：如果使用普通的命令式，这个句子应该可以改为：Contra rationem nihil vide, nihil audi, nihil effare, nullum motum suscipe!

西方传统也强调"管理好自己的眼睛"，很多坏事是从"注意看"而开始的：Domina sua iniecit oculos suos ad Joseph. "约瑟主人的妻子以目送情给约瑟。"（《旧约·创世记》Gen 39:7）因此要这样祈求上主：Averte oculos meos, ne videant vanitatem. In via tua vivifica me. "求你叫我转眼不看虚假，又叫我在你的道中生活。"（《旧约·诗篇》Ps 118:37）

5. Benefactis compensato benefacta!

以德报德。（14:34）

benefactis［名］善行；［中，复，夺］；从 benefactum, -i, n. 好事，善行；夺格表示方式、工具、手段，即汉语的"以""通过""用"。

compensato［动］你/他应该赔偿；［命令式，二、三单］；从 compenso, -are 交易，赔偿。

benefacta［名］善行；［中，复，宾］；从 benefactum, -i, n. 好

事，善行。

注：参见 CSP 对"以直报怨，以德报德"的翻译：Eo, quod rectum justumque est, compensato iniurias nec odia; benefactis compensato benefacta. 参见英语翻译：Just repay resentment with fairness and justice, and repay virtue with virtue.

托马斯·阿奎那曾经说：Misericordia non tollit justitiam, sed est quaedam justitiae plenitudo. "仁慈不取代正义，而是正义的完满。"（《神学大全》S. Th. I, 20, 3 ad 2）

6. Ne angaris animo vel te discrucies quod homines non te noverint!
不患人之不己知。（14:30）

angaris［动］你应该忧虑；［二单，被动，现，虚］；从 ango, angere, anxi 使忧虑，给压力。

animo［名］在内心；［阳，单，夺］；从 animus, -i, m. 心，心情，意志。

vel［连］或。

discrucies［动］你应该折磨；［二单，主动，现，虚］；从 discrucio, -are 折磨，虐待。

noverint［动］他们知道；［三复，主动，完，虚］；从 novi, novisse 知道，认识。

注：参见 CSP 对"不患人之不己知，患其不能也"的翻译：Ne angaris animo vel te discrucies quod homines non te noverint: Angere potius ac discruciare de ista impotentia et imbecillitate tua. 参见英语翻译：Do not worry that your abilities are not appreciated. Just make sure that you possess them.

《师主篇》有这样的话：Magnam habet cordis tranquilitatem, qui nec laudes curat nec vituperia. "既不关心赞美又不担心辱骂，这样的人在心灵上非常宁静。"（《师主篇》2,6,16）

练习：

翻译下列命令句。

Disce, puer bone!

Discite, discipuli!

Veni ad portam! Venite, cenamus!

Contra rationem nihil age!

Age quod agis!

Noli me tangere!

Cave canem!

Vide ne cadas!

第十章 感叹句

拉丁语的感叹语很多，比如：attat! 你瞧！ ecce! 看啊！ eheu! 呜呼！ eia! 哎呀！ euge! 好极了！ fu! 呸！ hahae 哈哈！ oiei! 哎呀！ 等。CSP 多用"proh！"一词，它表示"悲伤"，等于汉语的"呜呼！"或"哎呀！"。

1. Proh dolor! Caelum tumulavit me!
噫！天丧予！（11:9）

proh［叹］哎呀！
dolor［名］痛苦；［阳，单，主］；从 dolor, -oris, m. 痛苦，疼痛。
tumulavit［动］他已埋葬了；［三单，主动，完］；从 tumulo, -are 埋葬。
me［人称代词］我；［单，宾］；从 ego 我。
注：古犹太诗人也使用很形象的语言来表达类似的意思：Praecisa est velut a texente vita mea; dum adhuc ordirer, succidit me. De mane usque ad vesperam finies me. "你好像织工，卷起了我的生命，由织机上将我割断。白日黑夜你总想将我结束！"（《圣经·以赛

亚书》Is 38:12）

2. Proh dolor! Actum est! Ego nondum vidi gaudentem virtute sicut eleganti forma corporis!

已矣乎！吾未见好德如好色者也。（15:13）

actum est［动］它是完成的，它完了；［三单，被动，完，直］；从 ago, agere, egi, actum 完成，行动。

nondum［副］尚未。

vidi［动］我看了；［一单，主动，完］；从 video, videre, vidi 看见。

gaudentem［分词］喜欢……的（人）；［单，宾，现，主动］；从 gaudeo, -ere 感到高兴，喜欢。

virtute［名］美德；［阴，单，夺］；从 virtus, -utis, f. 美德；夺格表示原因。

sicut［副］如同，与……一样。

eleganti［形］优美的；［阴，单，夺］；从 elegans, -ntis 优美的，有吸引力的。

forma［名］形象；［阴，单，夺］；从 forma, -ae, f. 形象，外貌；夺格表示原因。

corporis［名］身体的；［中，单，属］；从 corpus, -oris, n. 身体。

注：参见托马斯·阿奎那的说法：In nobis non solum est delectatio in qua communicamus cum brutis, sed etiam in qua communicamus cum angelis. "在我们心中不仅仅有类似动物所感到的欢乐，也有类似天使所感到的欢乐。"（《神学大全》S. Th. I, II, 31, 4 ad 3）Virtutes perficiunt nos ad prosequendum debito modo inclinationes naturales. "那些美德协助我们以正当的方式和规模满足各种自然爱好。"（《神学大全》II, II, 108, 2）

3. Nemo est omnium qui me norit!

莫我知也夫！（14:35）

nemo［不定代词］无人；［单，主］；从 nemo, nullius 无人。

omnium［形］所有人当中；［阳，复，属］；从 omnis, -e 一切，所有的；形容词当名词用，意为"一切人"。

qui［关系代词］他；［阳，单，主］；从 qui, quae, quod 该，他。

norit［动］他可能知道；［三单，完，虚］；从 novi, novisse 知道；norit 是 noverit 的简写方式。

4. Huan Kui quare me sic exagitet!

桓魋其如予何！（7:23）

Huan Kui［人名］桓魋（无变格形式）。

quare［疑问词］为什么？

sic［副］这样。

exagitet［动］他使……烦恼；［三单，主动，现，虚］；从

exagito, -are 使烦恼，扰乱，激怒。

注：参见 CSP 对"天生德于予，桓魋其如予何"的翻译：Caelum si quidem procreavit virtutem, dotesque naturae in me, cum vita mea a caelo tota pendeat, Huan Kui itaque praefectus ille quorsum me sic exagitet? An pugnare cum caelo tentat mortalis?

《旧约》中也有类似的说法：In Deo speravi, non timebo; quid faciat mihi homo. "我全心依赖天主，绝不怕，脆弱的人对我要做什么！"（《旧约·诗篇》Ps 56:12）

练习：

翻译下列的名句。

Vae victis!

O tempora, o mores!

Ecce homo!

Eheu! Fugaces labuntur anni!

第十一章 分词的用法

拉丁语的分词主要是现在时分词（主动）和完成时分词（被动）。如果从英语的用法来看，现在时分词和完成时分词是这些形式：to write（不定式）、writing（现在时分词，主动）、written（完成时分词，被动）。

请看拉丁语的相应形式：laudare（不定式）、laudans（现在时分词，主动）、laudatus（完成时分词，被动）。然而，拉丁语的分词还有变格，也有性和数。①

作为基本的原则，分词的用法与形容词一样，分词必须符合名词的性、数、格。分词也可以独立用，即当名词用。

请学习下列的词句：
magister laudans 一个正在赞美的老师
Amo magistrum laudantem. 我喜欢表扬人的老师。
magistri laudantes 那些表扬人的老师
Amamus magistros laudantes. 我们喜欢表扬人的老师。

---
① 请参见附录一语法术语表的"动词"部分。

Amamus laudantes. 我们喜欢那些表扬者。

Laudantes multi sunt. 表扬者很多。

magister laudatus 一个曾经被赞美的老师（完成时分词也可以表示过去的行动在今天产生的结果："一个现在享受好名誉的老师。"）

puella laudata 一个曾经被表扬的女孩

Video magistrum laudatum. 我看到一个有好名誉的老师。

Video puellam laudatam. 我看到一个曾被表扬的女孩。

magistri laudati 那些曾被表扬的老师们

Video magistros laudatos. 我看到那些有好名誉的老师们。

Video puellas laudatas. 我看到一些曾受表扬的女孩们。

Laudati multi sunt. 被表扬的人很多。

1. Nihil agens Shun imperabat.

无为而治者，其舜也。（15:5）

nihil［不定代词］无事。

agens［分词］进行着；［现在时分词，单，主，主动］；从 ago, agere 进行，行动，完成。

Shun［人名］舜；［阳，单，主］。

imperabat［动］他曾经统治；［三单，主动，过］；从 impero, -are 统治，当王。

注：英语可以有这样的翻译：Shun reigned doing nothing 或 Shun reigned by doing nothing 或 Doing nothing Shun reigned。参见 CSP 对"无为而治者，其舜也与"的翻译：Nihil agens et tamen imperans, nonne is fuit Xun[=Shun]?(agens, imperans 是现在时分词）

2. Si persona gubernantis recta est, subditi se ad virtutem convertent. 其身正，不令而行。（13:6）

si［连］如果。

persona［名］位格；［阴，单，主］；从 persona, -ae, f. 位格，身份，个人。

gubernantis［分词］统治者的；［现在时分词，阳，单，属］；从 guberno, -are 管理，统治；分词当成名词，"统治着" = "统治者"。

recta［形］正确的；［阴，单，主］；从 rectus, -a, -um 正确的。

subditi［分词］臣民；［完成时分词，阳，复，主］；从 subdo, -dere, -didi, -ditum 置于下面；subditus, -a, -um "曾经被置于下面的" 指 "属下" "臣民"，即英语的 subject。

se［反身代词］自己。

virtutem［名］美德；［阴，单，宾］；从 virtus, -utis, f. 美德。

convertent［动］他们将转向，［二复，主动，将］；从 converto, -ere 转向。

注：参见 CSP 对"其身正，不令而行；其身不正，虽令不从"

的翻译：Ipsa persona gubernantis alios si recta sit, et ad omnem virtutem composita, etiamsi nullis utatur monitis vel adhortationibus, ultro tamen ad omnem virtutem ac laudem convertent se subditi, exemplo scilicet gubernatoris pertracti. E contrario, ipsa persona si non sit recta, licet assiduis stimulis et adhortationibus utatur, tamen non sequentur subditi. Allicient enim verba, sed potentius avertent facta.

3. Artifex volens perficere opus suum, prius acuit instrumenta sua.
工欲善其事，必先利其器。（15:10）

artifex［名］工匠；［阳，单，主］；从 artifex, -icis, m. 工匠，艺术家。

volens［分词］愿意；［现在时分词，阳，单，主］；从 volo, velle, volui 愿意。

perficere［动］完成；［不定式，主动］；从 perficio, -ere 完成，成就。

opus［名］工程；［中，单，宾］；从 opus, operis, n. 工作，任务，工程。

suum［物主代词］他的；［中，单，宾］；从 suus, sua, suum 他的。

prius［副］先，首先；从［形］prior, -oris 更早的，首先的。

acuit［动］他削尖；［三单，主动，现］；从 acuo, acuere, acui, acutum 削尖，弄尖。

instrumenta［名］工具；［中，复，宾］；从 instrumentum,

-i, n. 工具。

sua [主物代词] 他的；[中，复，宾]；从 suus, sua, suum 他的。

4. Volens accelerare omnia non pervenies ad res.

欲速则不达。（13:17）

volens [分词] 愿意的；[现在时分词，阳，单，主]；从 volo, velle 愿意。

accelerare [动] 加速；[不定式，主动，现]；从 accelero, -are 加速，催促，加快。

omnia [形] 一切事物；[中，复，宾]；从 omnis, -e 一切；中性指"东西""事物"。

pervenies [动] 你将来到；[二单，主动，将，直]；从 pervenio, -ire 来到，达到。

res [名] 事物；[阴，复，宾]；从 res, rei, f. 事物，事情，任务。

注：参见 CSP 对"欲速则不达，见小利则大事不成"的翻译：Volens enim accelerare omnia et semper et ubique properare, tum certe non habebis perspectas res, ad quarum notitiam nonnisi lente perveniri solet. Jam si attenderis ad exilia quaedam lucra et commoda, tunc fieret ut maximae quaeque res et negotia haud perficiantur.

5. Vir exercitationi totum se dedens et non meditationi, utique ludet

operam.

学而不思则罔。（2:15）

vir［名］男人；［阳，单，主］；从 vir, viri, m. 男人。

exercitationi［名］学习；［阴，单，与］；从 exercitatio, -onis, f. 操练，练习，学习。

totum［形］全部；［阳，单，宾］；从 totus, -a, -um 全部的，完全的。

dedens［分词］交托；［现在时分词，阳，单，主］；从 dedo, dedere, dedidi 交托，投入。

meditationi［名］沉思；［阴，单，与］；从 meditatio, -onis, f. 沉思。

utique［副］肯定。

ludet［动］将玩弄；［三单，主动，将，直］；从 ludo, ludere, lusi, lusum 玩弄；失去；弄不好。

operam［名］工作；［阴，单，宾］；从 opera, -ae, f. 工作，事务。

注：下面的句子是同义句。

Homo solum exercitationem agens et non meditans utique ludet operam.

Qui totum se exercitationi dat et non meditationi, utique ludet operam.

Qui solum exercet et non meditatur, utique ludet operam.

请分析 CSP 对"学而不思则罔,思而不学则殆"的翻译:Exercitationi totum se dedens, et non meditationi, utique ludet operam. Meditationi totum se dedens, et non exercitationi utique errori et confusioni obnoxius erit. 参见《论语》(华语教学出版社,2006)的现代汉语翻译:"只读书不思考,就不会分析。只空想不读书,就不明事理。"

6. Prisci studebant litteris propter se, sapientiam petentes, homines aetatis nostrae student propter alios.

古之学者为己,今之学者为人。(14:24)

prisci [形] 古代的(人);[阳,复,主];从 priscus, -a, -um 古朴的,古代的;形容词当名词用;阳性指"人"。

studebant [动] 他们曾追求;[三复,主动,过去,直];从 studeo, -ere 追求(要求与格)。

litteris [名] 知识;[阳,复,与];从 litterae, -arum, f. 文献,文学,知识。

propter [介] 为了;加宾格;propter se 为自己。

sapientiam [名] 智慧;[阴,单,宾];从 sapientia, -ae, f. 智慧。

petentes [分词] 求;[现在时分词,阳,复,主];从 peto, petere, petivi 求,追求,要求。

homines [名] 人们;[阳,复,主];从 homo, -inis, m. 人。

aetatis［名］时代的；［阴，单，属］；从 aetas, -atis, f. 时代。

nostrae［物主代词］我们的；［阴，单，属］；从 noster, -tra, -trum 我们的。

student［动］他们追求；［三复，主动，现，直］；从 studeo, -ere 追求。

alios［不定代词］其他人；［阳，复，宾］；从 alius, -a, -um 其他的；阳性指"人"。

注：参见 CSP 对这句话的翻译：Prisci studebant litteris optimisque disciplinis primum ac potissimum propter se, fructum virtutis ac sapientiae inde petentes. Homines vero aetatis nostrae student litteris propter alios, a quibus scilicet vel inanem plausum expectant, vel honoris ac rei familiaris amplificationem. 参考英语翻译：People in ancient times studied to enrich their knowledge and improve themselves; people today study to decorate themselves and impress others.

独立夺格（Ablativus absolutus）的结构

在拉丁语中可以将分词与名词的夺格形式结合，这样构成一个从句，而这个从句可以表示条件、情况、时间、原因等。请看下面的例子：

Discipulo scientiam petente magister gaudet.

第十一章 分词的用法

- Cum discipulus scientiam petit, magister gaudet. 当学生追求知识时，老师高兴。
= Magister gaudet, quia discipulus scientiam petit. 因为学生追求知识，所以老师高兴。

Filiis laborantibus parentes gaudent.
= Cum filii laborant, parentes gaudent. 当孩子们工作时，父母高兴。
= Parentes gaudent, quia filii laborant. 父母高兴，因为孩子们工作。

Eo docente omnes gaudent. 在他教书时，所有人高兴。
Confucio loquente omnes silent. 当孔子说话时，所有人保持沉默。
Nemine loquente melius discimus. 当没有人说话时，我们可以更好地学习。

完成时分词（被动）也可能构成独立夺格的从句：
Libro completo scriptor gaudet. 作者高兴，因为书写完了。
The book having been completed, the author is happy.

Rebus perfectis in patriam rediit. 各种事完成了之后，他回国了。
Having fulfilled the tasks he returned to his fatherland.

1. Yan Yuan defuncto suspirebat Confucius.
颜渊死，子曰："噫！"（11:9）

Yan Yuan［人名］颜渊；在此应该是夺格，写法与主格一样，因为 Yan Yuan 没有变格形式。

defuncto［分词］去世的；［完成时分词，阳，单，夺］；从 defungor, defungi, defunctus sum 去世。

suspirebat［动］他叹息；［三单，主动，过去，直］；从 suspiro, -are 叹息，深呼吸。

注：参见英语翻译：Yan Yuan having died, Confucius heaved a deep sigh. = When Yan Yuan died, Confucius heaved a deep sigh.

练习：

请翻译下列的句子。

Puer discens est puer bonus.

Laudabo pueros discentes.

Semper amabo studentes.

Puer volens discere perveniet ad res.

Puer scientiam amans prius discit a magistro.

Puero discente magister gaudet.

Discipulis discentibus magister gaudebit.

Magistro docente nolite loqui.

第十二章 关系从句

拉丁语的关系从句基本上和英语的一样，只是关系代词分性、数和格①。

请看这些例句：

The man **who** teaches is a teacher. The men **who** teach are teachers.

Vir **qui** docet est magister. Viri **qui** docent sunt magistri.

The girl **who** enters is my daughter. The girls **who** enter are my daughters.

Puella **quae** intrat est filia mea. Puellae **quae** intrant sunt filiae meae.

Who teaches is a teacher. **Who** enters is my daughter.

Qui docet magister est. **Quae** intrat filia mea est.

The man **whose** book I read is my teacher.

Vir **cuius** librum lego magister meus est.

---

① 请参见附录一语法术语表的"代词"部分。

The girl **to whom** I give the book is my daughter.
Puella **cui** librum do est filia mea.

The girl **whom** I love is my daughter.
Puella **quam** amo filia mea est.

The language **by which** I communicate is Latin.
Lingua **qua** loquor est lingua Latina.

The girls **whom** I see are my students.
Puellae **quas** video sunt discipulae meae.

The men **to whom** I give the books are my students.
Viri **quibus** libros do discipuli mei sunt.

The city **in which** I live is Beijing.
Civitas **in qua** vivo est Beijing.

Locus **de quo** venio est forum.
The place **from which** I come is the market.

请学习来自《论语》的例句。

第十二章 关系从句

1. Artifex, qui vult perficere opus suum, prius acuit instrumenta sua.
工欲善其事，必先利其器。（15:10）

qui［关系代词］该；［阳，单，主］；从 qui, quae, quod 该，他。
vult［动］他要；［三单，主动，现］；从 volo, velle 要，愿意。

2. Qui habet virtutem, habet etiam sermones.
有德者必有言。（14:4）

qui［关系代词］该，他；［阳，单，主］；从 qui, quae, quod 该，他；此是"无论谁"。
habet［动］他拥有；［三单，主动，现］；从 habeo, -ere 用，拥有。
virtutem［名］美德；［阴，单，宾］；从 virtus, -utis, f. 美德。
etiam［副］也。
sermones［名］话语；［阳，复，宾］；从 sermo, -onis, m 话，讲演。

注：参见 CSP 对"有德者必有言，有言者不必有德。仁者必有勇"的翻译：Qui habet virtutem, procul dubio habet etiam in promptu sermones ac documenta, quibus eam aliis commendet. Caeterum qui habent sermones in promptu, non tamen certa necessariaque consequentia habent virtutem. Rursum quisquis excellit integritate innocentiaque vitae, procul dubio robore quodam animi et fortitudine est praeditus.

3. Pauci sunt qui perspiciunt vitutem.

知德者鲜矣。（15:4）

pauci［形］少的；［阳，复，主］；从 pauci, -ae, -a 一点的，少量的，不多的。

qui［关系代词］他们；［阳，复，主］；从 qui, quae, quod 该，他。

perspiciunt［动］他们了解；［三复，主动，现，直］；从 perspicio, -ere 观看，认识，了解。

注：参见 CSP 对"由，知德者鲜矣"的翻译：Mi discipule You, qui perspectam habeant virtutem, pauci sunt. 参见《新约》中的名言：Intrate per angustam portam, quia lata porta et spatiosa via est, quae ducit ad perditionem, et multi sunt qui intrant per eam. Quam augusta porta, et arcta via est, quae ducit ad vitam!"你们要从窄门进去，因为宽门和大路导入丧亡；但有许多人从那里进去。那导入生命的门是多么窄，路是多么狭！"

4. Mane qui audit legem, vesperi mori potest.

朝闻道，夕死可矣。（4:8）

mane［副］早上。

audit［动］他听；［三单，主动，现，直］；从 audio, -ire 听。

legem［名］法律；［阴，单，宾］；从 lex, legis, f. 规律，法律，原则。

vesperi［副］晚上。

mori［动］去世；［不定式，现］；从 morior, mori, mortuus sum 去世，死去。

potest［动］他能；［三单，主动，现］；从 possum, posse, potui 能够，可以。

注：CSP 使用 audiverit［三单，主动，完，虚］。这句话使犹太人和基督徒联想到"你的慈爱比生命更好"这句名言：Deus, Deus meus es, sollicite te quaero; te sitit anima mea, desiderat te caro mea, ut terra arida et sitiens, sine aqua. Sic in sanctuario contemplor te, ut videam potentiam tuam et gloriam tuam. Quia melior est gratia tua quam vita, labia mea praedicabunt te.（《旧约·诗篇》Ps 63：4）

5. Ego quod nolo fieri mihi ab aliis, ego quoque volo non fieri a me aliis.

我不欲人之加诸我也，吾亦欲无加诸人。（5:12）

quod［关系代词］什么；［中，单，主］；从 qui, quae, quod 该。
nolo［动］我不要；［一单，主动，现］；从 nolo, nolle 不愿意。
fieri［动］发生；［不定式，现］；从 fio, fieri, factus sum 发生。

mihi［人称代词］对于我；［单，与］；从 ego 我。

quoque［副］也。

volo［动］我愿意；［一单，主动，现］；从 volo, velle, volui 愿意。

注：Quod ab alio oderis fieri tibi, vide ne tu aliquando alteri facias."你厌恶的事，不可对别人做。"（《旧约·多俾亚传》Tob 4:16）

6. Tibi quod non vis ne facias erga alios.

己所不欲，勿施于人。（15:24）

vis［动］你要；［二单，现］；从 volo, velle 愿意。

facias［动］你应该做；［二单，主动，现，虚］；从 facio, facere, feci 做，进行；虚拟式表示愿望。

erga［介］对于；加宾格。

注：参见《新约·马太福音》中的积极说法：Omnia ergo quaecumque vultis ut faciant vobis homines, et vos facite illis. Haec est enim lex, et prophetae."凡你们愿意别人给你们做的，你们也要照样给别人做：法律和先知即在于此。"

7. Solus ille, qui probus est, tuto potest diligere homines, tuto potest odisse homines.

唯仁者能好人,能恶人。(4:3)

solus[形]唯独;[阳,单,主];从 solus, -a, -um 唯独的,唯一的。

ille[指示代词]那位;[阳,单,主];从 ille, illa, illud 那个,那位。

probus[形]正直的;[阳,单,主];从 probus, -a, -um 正直的。

tuto[副]安全地。

diligere[动]爱;[不定式,现,主动];从 diligo, -ere, dilexi 爱慕,爱。

odisse[动]恨;[不定式,完,主动];从 odi, odisse 恨,厌恶;此动词只有完成时形式,其完成时形式有现在时的意思。

注:托马斯·阿奎那反省基督徒应该如何"爱敌人":Sicut diligere amicum, inquantum amicus est, bonum est; ita malum est diligere inimicum, quia inimicus est. Sed bonum est diligere inimicum, inquantum ad Deum pertinet... Diligere amicum et inimicum, inquantum uterque est Dei, non est contrarium. "爱朋友是好的,因为他是朋友,同理,爱敌人是一件坏事,因为他是敌人。但就敌人与神的关系而爱敌人,这是好的……朋友和敌人都属于神,而在这种意义上爱双方,这并不是矛盾的事。"(《论博爱》*Quaestio disputata de caritate*, 8 ad 11, ad 12)

8. Nondum vidi eum qui gauderet virtute sicut eleganti forma corporis.

吾未见好德如好色者也。（15:13）

nondum［副］尚未。

vidi［动］我曾看见；［一单，主动，完，直］；从 video, -ere 看，见到。

eum［代词］他；［阳，单，宾］；从 is, ea, id 他。

qui［关系代词］他；［阳，单，主］；从 qui, quae, quod 该。

gauderet［动］他可能欢喜；［三单，主动，过去，虚］；从 gaudeo, -ere 欢喜，感到高兴。

virtute［名］美德；［阴，单，夺］；从 virtus, -utis, f. 美德；夺格表示原因。

sicut［副］如同。

eleganti［形］优美的；［阴，单，夺］；从 elegans, -ntis 优美的；夺格可有 eleganti 和 elegante 两种写法。

forma［名］形象；［阴，单，夺］；从 forma, -ae, f. 形象，外貌。

corporis［名］身体；［中，单，属］；从 corpus, -oris, n. 身体。

注：托马斯·阿奎那也谈论美德和快乐：Eo modo omnes appetunt delectationes, sicut et appetunt bonum; et tamen delectationem appetunt ratione boni et non e converso. Unde non sequitur quod delectatio sit maximum et per se bonum; sed quod unaquaeque delectatio consequatur aliquod bonum. "人们都在同样的程度上追求快乐和美善，但他们因为追求某种善而渴望快乐，而不是反过来的。由此不能说快乐是最大的价值或本身就是一种独立的价值，只能说任何快乐都追求某种善。"（《神学大全》S. Th., I, II, 2, 6, ad 3）Virtutes perficiunt nos ad prosequendum debito modo inclinationes naturales. "种种美德协助我们以应当的方式满足自然的倾向。"（《神学大全》S. Th., II, II, 108, 2）

练习：

请填补下列句子的关系代词。

Magister ... docet est bonus.

Discipuli ... discunt sunt boni.

Omnis homo ... gaudet virtute est amicus meus.

Haec verba ... discimus sunt difficilia.

Discipula ... audit legem est iucunda.

Hic liber ... legimus est pulcher.

Donum illud ... dabo tibi est vestis mea.

Puellae ... video sunt filiae meae.

第十三章　主句中的虚拟式

拉丁语的虚拟式有以下形式①：

现在时虚拟式：laudem（I may praise）；

过去时虚拟式：laudarem（I would praise）；

完成时虚拟式：laudaverim（I may have praised）；

过去完成时虚拟式：laudavissem（I would have praised）。

在主句中虚拟式可以表示一种愿望（但愿他……）、一种命令或禁令、一种可能性。在下列例句中，虚拟式都表示一种愿望。

1.Sit institutio sine discrimine.

有教无类。（15:39）

sit［动］但愿它是；［三单，现，虚］；从 sum, esse, fui 是；虚拟式表示愿望。

institutio［名］教育；［阴，单，主］；从 institutio, -onis, f. 教导，教育。

---

① 参见附录一语法术语表的"动词"部分。

sinc［介］无，非。

discrimine［名］差别；［中，单，夺］；从 discrimen, -inis, n. 区分，区别，差别。

注：让所有人都参与精神生活是一个高尚的理想，古代犹太人这样表达这个理想：Effundam spiritum meum super omnem carnem; et prophetabunt filii vestri et filiae vestrae; senes vestri somnia somniabunt, et juvenes vestri visiones videbunt. Sed et super servos meos et ancillas in diebus illis effundam spiritum meum. "我要将我的灵魂浇灌凡有血气的。你们的儿女要说预言，你们的老年人要做异梦，少年人要见异象。在那些日子，我要将我的灵魂浇灌我的仆人和使女。"（《旧约·约珥书》Joel 2:28）

2. Verba intellegantur, et hoc sufficiat.

辞达而已矣。（15:41）

verba［名］言辞；［中，复，主］；从 verbum, -i, n. 言辞，话语。

intellegantur［动］他们应该被理解；［三复，被动，现，虚］；从 intellego, -ere (=intelligo) 理解。

hoc［指示代词］这个；［中，单，主］；从 hic, haec, hoc 这个。

sufficiat［动］它应该足够；［三单，主动，现虚］；从 sufficio, -ficere, -feci 足够，满足，提供。

注：参见 CSP 对该句的翻译：Verba percipiantur (sive verborum nuda veritas absque fuco et aetatis nostrae luxuriosa elegantia) et hoc sufficiat.《新约》也反对"华而不实的"词藻：Sit autem sermo vester: est, est, non, non. Quod autem his abundantius est, a malo est."你们话应该是：'是就说是，非就说非；其他多余的，便是出于邪恶。'"（《新约·马太福音》Mt 5:37）

3. Quamdiu parentes vivunt, filius ne longius evagetur.

父母在，不远游。（4:19）

quamdiu［副］当……时；同义词 dum, donec。

parentes［名］父母；［阳（阴），复，主］；从 parens, -entis, m. (f.) 父亲，母亲。

vivunt［动］他们生活；［三复，主动，现，直］；从 vivo, vivere 生活。

filius［名］儿子；［阳，单，主］；从 filius, -ii, m. 儿子。

longius［副］远远地，比较远地；［比较级］；从 longus, -a, -um［形］遥远的，远的。

evagetur［动］他应该游荡；［三单，被动，现，虚］；从 evagor, -ari, -atus sum 游荡，远游；ne 加虚拟式表示禁令。

注：参见 CSP 的翻译：Quamdiu pater et mater superstites sunt, filius ne longius seu in longinquiores terras evagetur. 耐人寻味的是，这

种"叶落归根"的思想和西方文化中的"开拓未知之地"传统有相当大的差异：亚伯拉罕（Abraham）、摩西（Moses）和维吉尔（Vergilius）的英雄埃涅阿斯（Aeneas）都被派遣到一个他们还不知道的"新国土"，他们受赞扬恰恰是因为他们去"远游"。

4. Tunc fieret ut maximae res non perficiantur.
则大事不成。（13:17）

tunc［副］这时候，于是。
fieret［动］它可能会发生；［三单，过去，虚］；从 fio, fieri, factus sum 发生。
ut［连］表示结果。
maximae［形］最大的；［阴，复，主］；从 maximus, -a, -um 最大的；magnus 的最高级形式。
res［名］各种事务；［阴，复，主］；从 res, rei, f. 事情，事务。
perficiantur［动］它们可能被完成；［三复，被，现，虚］；从 perficio, -ere 完成，成就。

注：参见 CSP 对"见小利则大事不成"的翻译：Jam si attenderis ad exilia quaedam lucra et commoda, tunc fieret ut maximae quaeque res et negotia haud perficiantur.

5. Caelum me execretur!

天厌之！（6:28）

caelum［名］高天；［中，单，主］；从 caelum, -i, n. 高天，天神。

me［人称代词］我；［单，宾］；从 ego 我。

execretur［动］但愿他诅咒；［三单，被动，现，虚］；从 ex(s)ecror, -ari, -atus sum 诅咒，厌恶；此动词只有被动形式，但其意思是主动的。

注：参见 CSP 对"予所否者，天厌之！天厌之"的翻译：Ego si quid iniqui seu flagitiosi in animo admisi, si quid peccavi, caelum me execretur! Caelum me execretur! "如果在内心想到什么不公正的或罪恶的事，如果我犯了罪，愿天诅咒我！愿天诅咒我！"

6. Alios diligamus, sicut nos ipsi diligimus.

己欲立而立人。（6:30）

alios［形容词代词］其他人；［阳，复，宾］；从 alius, alia, aliud 其他的；阳性指"人"。

diligamus［动］让我们爱；［一复，主动，现，虚］；从 diligo, diligere 爱，喜欢；虚拟式表示呼吁。

sicut［副］正如。

nos［代词］我们；［复，宾］。

ipsi［指示代词］自己；［阳，复，主］；从 ipse, ipsa, ipsum 他自己，自己。

diligimus［动］我们爱；［一复，主动，现，直］；从 diligo 爱。

注：参见 CSP 对"己欲立而立人，己欲达而达人。能近取譬，可谓仁之方也已"的翻译：Alios itaque diligamus, sicut ipsi diligimus: Alios ex nobis metiamur: labores aliorum et commoda ex nostris aestimemus. Haec demum potest dici virtutis Gin (Ren), sive memoratae jam caritatis ac pietatis exercitandae ars ac regula. 参见"己欲立而立人"的英语翻译：Let us love others, just like we love ourselves.

在《新约》中有类似的说法：Diliges proximum tuum sicut teipsum.（《新约·马太福音》Mt 22:39）还有"以耶稣的标准去爱人"：Diligatis invicem sicut dilexi vobis. "你们应该彼此相爱，如同我爱你们一样。"（《新约·约翰福音》Jn 15:12）

7. Quod caveat sunt rixae.

戒之在斗。（16:7）

quod［关系代词］它；［中，单，主］；从 qui, quae, quod 他，该。

caveat［动］他应该提防；［三单，主动，现，虚］；从 caveo, -ere 当心，留神，预防，提防。

rixae［名］争斗；［阴，复，主］；从 rixa, -ae, f. 争吵，争论，争斗。

注：全句为"君子有三戒：少之时，血气未定，戒之在色；及其壮也，血气方刚，戒之在斗；及其老也，血气既衰，戒之在得"。CSP 的翻译是：Sectator virtutis habet tria sibi cavenda. Adolescentiae tempore, sanguine et spiritibus necdum consistentibus, quod cavendum, est res venerea. Provectus ad suam maturam aetatem, sanguine spiritibus jam corroboratis, quod caveat sunt rixae. Provectus ad suam senectutem, sanguine spiritusque jam languentibus, quod caveat, est cupiditas habendi. 值得注意的是，与三个"戒"对应的价值是托马斯·阿奎那所说的三项世俗的价值：Omnes res mundanae ad tria reducuntur, scilicet ad honores, divitias et delicias. "一切世俗的价值都可以归类为荣誉、财富和感官享受这三项。"

8. Quando non versaris in hoc munere, ne suscipias tractare illius administrationem.

不在其位，不谋其事。（14:26）

quando［副］当……时。

versaris［动］你从事；［二单，被动，现，直］；从 versor, -ari, -atus sum 从事，参与；此动词只有被动形式，其意思仍然是主动的。

munere［名］职位；［中，单，夺］；从 munus, -eris, n. 职责，本分。

suscipias [动] 你应该开始；[三单，主动，现，虚]；从 suscipio, -cipere, -cepi 开始，承担。

tractare [动] 管理；[不定式，现，主动]；从 tracto, -are 管理，对待，处理。

illius [指示代词] 他的；[中，单，属]；从 ille, illa, illud 那位。

administrationem [名] 行政；[阴，单，宾]；从 administratio, -onis, f. 管理，行政。

练习：

请翻译下列名言。

Gaudeamus igitur, iuvenes dum sumus!

Sit mens sana in corpore sano!

Sit venia verbo!

Cedant arma togae!

Paulo maiora canamus!

第十四章　条件从句

拉丁语的条件从句多使用 si（如果）、etsi（哪怕）、etiamsi（尽管）、nisi（除非）等连词。从句可以使用直陈式或虚拟式，比如：

Si venis gaudeo.

If you come, I am happy.

Si venias gaudebo.

If you will come, I will be happy.

Si veneris laudarem te.

If you would come I would praise you.

过去完成时的虚拟式可以表示与现实相反的意思：

Si venisses laudavissem te.

If you would have come, I would have praised you.

Si tacuisses philosophus mansisses.

If you would have been silent, you would have continued to be regarded as philosopher.

1. Si tres homines ambulemus certe in his magister meus est.
三人行，必有我师焉。（7:22）

tres［数字］三个；［阳，复，主］。
ambulemus［动］我们散步；［一复，主动，现，虚］；从 ambulo, -are 散步。
certe［副］肯定；从［形］certus, -a, -um 确定的，肯定的。
his［指示代词］这些；［阳，复，夺］；从 hic, haec, hoc 这个。
注：参见 CSP 的翻译：Si vel tres dumtaxat homines pariter ambulemus, haud dubie dabitur in his meus Magister.

2. Si recta sit persona gubernantis, etiamsi nullis utatur monitis, subditi se convertent ad omnem virtutem.
其身正，不令而行。（13:6）

sit［动］它可能是；［三单，现，虚］；从 sum, esse 是。
persona［名］位格；［阴，单，主］；从 persona, -ae, f. 身份，地位，人格，位格。
gubernantis［分词］统治者；［阳，单，属］；从 guberno, -are 管理，统治。
nullis［代词］无人的；［中，复，夺］；从 nullus, -a, -um 无，

没有的。

utatur［动］他可能使用；［三复，被动，现，虚］；从 utor, uti, usus sum 使用；被动形式仍然有主动意思；此动词要求夺格。

monitis［名］提醒；［中，复，夺］；从 monitum, -i, n. 提醒，劝勉。

subditi［名］臣民；［阳，复，主］；从 subditus, -i, m. 臣民，属下；从 subdo, subdere 放到下面。

convertent［动］他们将转向；［三复，主动，将，直］；从 converto, -tere 转向。

3. Sapiens erubescit verbis, si quando verba excedant facta.

君子耻其言而过其行。（14:27）

erubescit［动］他感到羞愧；［三单，主动，现，直］；从 erubesco, -ere 脸发红，感到羞愧。

verbis［名］言辞；［中，复，夺］；从 verbum, -i, n. 话语；夺格表示原因。

quando［副］当……时候；与 aliquando 是同义词。

excedant［动］他们也许超过；［三复，主动，现，虚］；从 excedo, -ere 跨出，走出，超过。

facta［名］事实；［中，复，宾］；从 factum, -i, n. 事实。

注：参见 CSP 的翻译：Sapiens erubescit sua ipsius verba, si quando

vincant seu excedant sua ipsius facta. 英语翻译：A gentleman takes it as a disgrace to let his words outstrip his deeds. 在古罗马的法律传统中有这样的格言：Erubescimus cum sine lege loquimur. "如果我们的话语（我们的法律判断）没有法律基础，我就会感到羞愧。"[①]（Novellae Justiniani, 18,5）

4. Si quis serio firmiterque applicet animum ad virtutem, is nihil quod turpe sit aut contrarium rationi committet.

苟志于仁矣，无恶也。（4:4）

quis［不定代词］某人；［阳，单，主］；从 quis, quid（=aliquis, aliquid）某人。

serio［副］严肃地；从 serius, -a, -um［形］严肃的，认真的。

firmiter［副］坚定地；从 firmus, -a, -um［形］坚定的。

applicet［动］他可能使用于；［三单，主动，现，虚］；从 applico, -are 使用于。

turpe［形］丑恶的；［中，单，主］；从 turpis, -e 丑陋的，丑恶的。

contrarium［形］违反的；［中，单，主］；从 contrarius, -a, -um 违反的。

rationi［名］理性；［阴，单，与］；从 ratio, -onis, f. 理性。

[①] 参见雷立柏编：《拉-英-德-汉法律格言辞典》，北京：宗教文化出版社，2008，第63页。

committet［动］他可能做；［三单，主动，现，虚］；从 committo, -ere 做，开始，犯（罪）。

注：参见托马斯·阿奎那对于"追求美善"的说法：Omnis appetitus non est nisi boni. "人们心中都渴望追求善。"(《神学大全》S. Th. I, II, 8, 1) Peccatum in voluntate non accidit sine aliquali ignorantia intellectus; nihil enim volumus nisi bonum verum vel apparens. "在人的意愿中发生的罪都陪伴着某种理解上的无知，因为我们所渴望的都是善事，要么是真正的善，要么是表面上的善。"(《驳异教大全》 *Contra Gentiles*, 4, 92)

5. Si ego expeto virtutem, haec ipsa virtus ad me accessit.
我欲仁，斯仁至矣。（7:30）

expeto［动］我切望；［一单，主动，现，直］；从 expeto, -ere 切望，追求，探寻。

haec［指示代词］这个；［阴，单，主］；从 hic, haec, hoc 这个。

ipsa［指示代词］本身；［阴，单，主］；从 ipse, ipsa, ipsum 他自己，他本身。

accessit［动］他走近；［三单，主动，完，直］；从 accedo, -cedere, -cessi 走近。

注：参见 CSP 对"仁远乎哉？我欲仁，斯仁至矣"的翻译：

Virtusne fortassis abest longe a nobis? Ego certe si expeto virtutcm, haec ipsa virtus ad me accessit.

6. Quisquis expers virtutis est, etsi dives sit, apud me erit instar volantis nubis.

不义而富且贵，于我如浮云。（7:16）

quisquis［不定代词］无论谁；［阳，单，主］；从 quisquis, quidquid 无论谁，无论什么。

expers［形］缺乏的；［阳，单，主］；从 expers, -tis 缺乏的，缺少的；加属格或夺格。

dives［形］富有的；［阳，单，主］；从 dives, -it is 富有的。

apud［介］在；加宾格；apud me 在我这里，在我眼中，在我看来。

erit［动］他将是；［三单，将，直］；从 sum, esse 是。

instar［形］相似，与……一样；此形容词没有变格，经常要求属格。

volantis［分词］飞的；［现在时分词，阴，单，属］；从 volo, volare 飞，飞翔。

nubis［名］云彩；［阴，单，属］；从 nubes, -is, f. 云彩，云雾。

注：参见 CSP 对"饭疏食饮水，曲肱而枕之，乐亦在其中矣。不义而富且贵，于我如浮云"的翻译：Vescor fere admodum vulgari parabilique cibo; poto lympham, et dum brevi somno reficio vires, inflecto cubitum, capitique subjicio, et is mihi pro cervicali est. Hoc interim affirmo, quod sua Philosopho voluptas etiam constat haec inter. Habet omnino suas virtus delicias, medias inter asperitates. Quisquis autem expers virtutis est, etsi idem sit dives et opulentus, adeoque sicut fere usu venit, honoratus, apud me certe quidem erit instar volantis nubis.

参见《旧约》的说法：Verumtamen vani filii hominum, mendaces filii hominum in stateris, ut decipiant ipsi de vanitate in idipsum. Nolite sperare in iniquitate, et rapinas nolite concupiscere. Divitiae si affluant, nolite cor apponere. Semel locutus est Deus; duo haec audivi: quia potestas Dei est, et tibi, Domine, misericordia: quia tu reddes unicuique iuxta opera sua. "庶民不过是虚空，显贵也无非是幻影；放在天平上必然浮起，加起来比空气还轻，莫依势凌人，不要以劫掠骄矜；如财宝日增，也不要挂念在心。神说过一次，我确实也听过两次：威能属于上主；我主，慈爱也非你莫属，因你按照各人的行为，予各人以回报。"（《旧约·诗篇》Ps 62:10—11）

7. Caelum si procreavit virtutem, dotesque naturae in me, Yuan Kui quorsum me exagitet?

天生德于予，桓魋其如予何！（7:23）

procreavit [动] 他曾生育；[三单，主动，完]；从 procreo, -are 生育。

dotes [名] 禀赋；[阴，复，宾]；从 dos, dotis, f. 天资，禀赋。

naturae［名］本性；［阴，单，属］；从 natura, -ae, f. 自然，本性。

quorsum［疑问词］到哪里去。

exagitet［动］他可能扰乱；［三单，主动，现，虚］；从 exagito, -are, -avi 激起，刺激，扰乱。

注：参见 CSP 对此句的翻译：Caelum si quidem procreavit virtutem, dotesque naturae in me, cum vita mea a coelo tota pendeat, Yuan Kui itaque praefectus ille quorsum me sic exagitet? An pugnare cum caelo tentat mortalis?

练习：

请翻译下列例句。

Si quis diligit me, sermonem meum servabit.

Si ego lavi pedes vestros, et vos debetis alter alterius pedes lavare.

Si diligeretis me, gauderetis, quia vado ad Patrem.

Si hunc dimittis, non es amicus Caesaris.

Si non esset hic malefactor, non tibi tradidissemus eum.

第十五章　时间从句

拉丁语的时间从句经常使用 cum（当……时）、dum（当、在……时）、ut（当）、ubi（当……时）、ubi primum（一旦）、donec（直到）、quoad（直到）、quamdiu（在……时）、quando（当）、postquam（在……之后）等连词，从句的动词可以使用直陈式或虚拟式。

在第十三章例句 3、例句 8 已经出现了两个时间从句：

Quamdiu parentes vivunt, filius ne longius evagetur.

Quando non versaris in hoc munere, ne suscipias tractare illius administrationem.

请看下面的新例句。

1. Cum essem decem et quinque annorum, applicui animum ad discendum.

吾十有五而志于学。（2:4）

essem［动］我是；［一单，过去，虚］；从 sum, esse 是。

decem［数字］十。

quinque［数字］五。

annorum［名］年；［阳，复，属］；从 annus, -i, m. 年。

applicui［动］我曾投入；［一单，主动，完，直］；从 applico, -care, -cui 投入。

animum［名］心神；［阳，单，宾］；从 animus, -i, m. 心神，精神，意志。

discendum［动］学习；［动名词，宾］；从 disco, discere 学习。

注：参见 CSP 对这句话的翻译：Cum mihi decem essent et quinque aetatis anni, protinus applicui animum ad perdiscenda majorum virorum instituta sive philosophiam.

2. Cum eram vir annorum triginta jam constiti.
三十而立。（2:4）

annorum［名］年；［阳，复，属］；从 annus, -i, m. 年。

triginta［数字］三十。

constiti［动］我曾站立；［一单，主动，完，直］；从 consto, -stare, -stiti 成立，站住，站立。

注：参见 CSP 的翻译：Annos triginta natus jam constiti.

3. Ubi perveni ad aetatem quadragenarii, jam non haesitabam amplius; evanuerunt dubiorum nubila.

四十而不惑。（2:4）

perveni［动］我曾达到；［一单，主动，完，直］；从 pervenio, -veni 达到。

quadragenarii［名］四十岁的人；［阳，单，属］；从 quadragenarius, -i, m. 四十岁的人。

haesitabam［动］我曾犹豫；［一单，主动，过去，直］；从 haesito, -are 犹豫，踌躇。

amplius［副］更多；［比较级］；从［形］amplus, -a, -um 广大的，宽广的。

evanuerunt［动］它们消失；［三复，主动，完，直］；从 evanesco, -nescere, -nui 消失。

dubiorum［名］怀疑；［中，复，属］；从 dubium, -i, n. 怀疑。

nubila［名］云彩；［中，复，主］；从 nubilum, -i, n. 云彩。

4. Cum eram quinquagenarius, protinus cognovi caeli providentiam atque mandatum.

五十而知天命。（2:4）

quinquagenarius［名］五十岁的人；［阳，单，主］；从 quinquagenarius, -i, m. 五十岁的人。

protinus［副］即刻。

cognovi［动］我曾认识；［一单，主动，完，直］；从 cognosco, -noscere, -novi 认识。

providentiam［名］天意；［阴，单，宾］；从 providentia, -ae, f. 天意，预先安排，神的眷顾。

atque［连］和。

mandatum［名］使命；［中，单，宾］；从 mandatum, -i, n. 使命，任务。

5. Postquam attigi sexagesimum annum, aures erant faciles et secundae, expedita ac peracuta vis intelligendi.

六十而耳顺。（2:4）

attigi［动］我曾达到；［一单，主动，完，直］；从 attingo, -tingere, -tigi 达到。

sexagesimum［数字］第六十；［阳，单，宾］；从 sexagesimus, -a, -um 第六十个。

aures［名］耳朵；［阴，复，主］；从 auris, -is, f. 耳朵。

faciles［形］顺从的；［阴，复，主］；从 facilis, -e 迅速的，顺从的。

secundae［形］服从的；［阴，复，主］；从 secundus, -a, -um 服从的。

expedita［形］无阻碍的；［阴，单，主］；从 expeditus, -a,

-um 便利的，无阻碍的。

peracuta［形］非常尖锐的；［阴，单，主］；从 peracutus, -a, -um 非常尖锐的。

vis［名］力量；［阴，单，主］；从 vis, f. 力量；此词是残缺词，只有宾格 vim 和夺格 vi, 复数为 vires, virium, viribus。

intelligendi［动］理解；［动名词；单，属］；从 intelligo, -ere 理解。

6. Cum eram in extrema aetate septuagenarii, sequebar quod cor meum appetebat; nec tamen excedebam regulam, seu terminos transiliebam honestatis rectaeque rationis.

七十而从心所欲，不逾矩。（2:4）

extrema［形］最高的；［阴，单，夺］；从 extremus, -a, -um 最高的，极端的。

aetate［名］年龄；［阴，单，夺］；从 aetas, -atis, f. 年代，年龄。

septuagenarii［名］七十岁的人；［阳，单，属］；从 septuagenarius, -i, m. 七十岁的人。

sequebar［动］我曾顺从；［一单，过，直］；从 sequor, sequi, secutus sum 跟随，顺从，追求。

cor［名］心；［中，单，主］；从 cor, cordis, n. 心。

appetebat［动］他曾渴望；［三单，主动，过，直］；从 appeto, -ere 渴望，追求。

第十五章 时间从句

excedebam［动］我曾跨出；［一单，主动，过，直］；从 excedo, -ere 跨出，超过。

regulam［名］规律；［阴，单，宾］；从 regula, -ae, f. 规律，规则。

terminos［名］界线；［阳，复，宾］；从 terminus, -i, m. 终点，界线。

transiliebam［动］我曾跳出；［一单，主动，过，直］；从 transilio, -ire 跳出，跳过去。

honestatis［名］端正；［阴，单，属］；从 honestas, -atis, f. 荣誉，端正。

rectae［形］正当的；［阴，单，属］；从 rectus, -a, -um 正直的，正当的。

rationis［名］原则；［阴，单，属］；从 ratio, -onis, f. 考虑，原则，理性。

7. Ubi compta est oratio et blanda oris species, ibi parum est probitatis.

巧言令色，鲜矣仁。（1:3）

ubi［副］哪里；ubi 与后面的 ibi（那里）互应；ubi 等于英语的 where，但也可以理解为 wherever（无论在哪里）、whenever（每当）或 when（当……时）。

compta［形］装饰好的；［阴，单，主］；从 como, comere, compsi, comptus 梳，装饰；完成时分词可以当形容词用。

oratio［名］话语；［阴，单，主］；从 oratio, -onis, f. 讲话。

blanda［形］奉承的；［阴，单，主］；从 blandus, -a, -um 奉承的，谄媚的。

oris［名］脸；［中，单，属］；从 os, oris, n. 嘴，脸；拉丁语的"嘴"也可以指"脸""脸色"，参见汉语的"嘴脸"。

species［名］外貌；［阴，单，主］；从 species, -ei, f. 外貌，风度，伪装。

ibi［副］那里。

parum［副］少，太少，一点点。

probitatis［名］诚实；［阴，单，属］；从 probitas, -atis, f. 诚实，老实，正直。

练习：

请翻译下列时间从句。

Dum spiro spero.

Dum vivimus, vivamus.

Dum Troiani dormiunt, urbs a Graecis incensa est.

Cum tacent clamat.

Cum taces, facinus confiteri videris.

Tum tua res agitur, paries cum proximus ardet. (=Cum paries proximus ardet, tua res agitur.)

第十六章　目的从句

拉丁语的目的从句经常使用连词 ut（为了）来表示"为了达到……目的"或"导致……结果"。连词 ut 经常要求虚拟式，比如：

Do tibi pecuniam, ut des mihi librum. 我给你钱，是要你给我书。des［二单，现，虚］；从 do, dare 给予。

Discimus ut intelligamus. 我们学习是为了理解。intelligamus［一复，现，虚］。

Diligenter laborate, ut ad scientiam perveniatis. 你们应该努力工作，为了获得知识。perveniatis［二复，现，虚］。

1. Vir probus concordat cum omnibus, sic ut non sit idem cum promiscua turba.

君子和而不同。（13:23）

vir probus = sapiens

concordat［动］保持和谐；［三单，主动，现，直］；从 concordo, -are 一致，保持和谐；其词根是 cor"心"，所以 concordo 也可以理解为"将心比心"。

sic［副］这样；sic ut 等于英语的 so that，表示结果。

sit［动］他可能是；［三单，现，虚］；从 sum, esse 是。

idem［代词］同样的；［阳，单，主］；从 idem, eadem, idem 同样的（他）。

promiscua［形］低级的；［阴，单，夺］；从 promiscuus, -a, -um 混合的，低级的。

turba［名］群众；［阴，单，夺］；从 turba, -ae, f. 民众，群众。拉丁语关于"民众"和"群众"的词汇很丰富：massa, multitudo, plebecula, plebs, popellus, populus, turba, vulgus.

注：参见 CSP 对"君子和而不同，小人同而不和"的翻译：Vir probus ac sapiens, quantum fas et ratio sinit, concordat cum omnibus, sic tamen ut non sit unum quid et idem cum promiscua hominum turba; contra improbus et insipiens delectu nullo unum quid idemque se facit cum omnibus; et tamen cum nemine concordat, quatenus fas et ratio praescribit. 参见英语翻译：A gentleman unites with people of principle and never follows others blindly. A petty man follows others blindly without regard to principle.

2. Tum fieret ut maximae res non perficiantur.

则大事不成。[①]（13:17）

[①] 参见本书第十三章例句 4。

fieret［动］它可能发生；［三单，过，虚］；从 fio, fieri, factus sum 发生。

ut［连］表示结果。

perficiantur［动］他们可能被完成；［三复，被动，现，虚］；从 perficio 完成。

3. Vir sapiens qui assidue meditatur ut commode domi suae degat, indignus est ut censeatur vir sapiens.

士而怀居，不足以为士矣。（14:2）

assidue［副］努力地；从 assiduus, -a, -um［形］努力的，勤奋的。

meditatur［动］他计划；［三单，被动，现，直］；从 meditor, -ari, -atus sum 考虑，计划，沉思。

commode［副］舒服地；从 commodus, -a, -um［形］舒服的，舒适的，方便的。

domi［名］在家；［阴，单，属］；从 domus, -us, f. 家；domi 是不规则形式，表示"在家"。

suae［物主代词］他的；［阴，单，属］；从 suus, -a, -um 他的。

degat［动］他可能居住；［三单，主动，现，虚］；从 dego, degere 生活，过日子。

indignus［形］没有资格的；［阳，单，主］；从 indignus, -a, -um 无资格的，不值得的。

censeatur［动］他可能被视为；［三单，被动，现，虚］；从

censeo, -ere 认为，视为。

注：请分析 CSP 对此句的解释性翻译：Vir gravis ac sapiens qui de hoc potissimum laborat, hoc assidue meditatur ut commode suaviterque domi suae degat, indignus est qui censeatur vir sapiens. 请比较西塞罗关于"居"的描述：Ornanda enim est dignitas domo, non ex domo tota quaerenda, nec domo dominus, sed domino domus honestanda est."主人的尊严也应该通过住宅获得表达，但不要完全从住宅获得自己的尊严；不应该因其房子而重视主人，但要因主人而尊重房子。"（《论义务》De officiis I, 139）

在基督宗教传统中为天国"放弃自己的家"是高尚的事：Egredere de terra tua, et de cognatione tua, et de domo patris tui, et veni in terram quam monstrabo tibi. "离开你的故乡、你的家庭和父家，往我指给你的地方去。"（《旧约·创世记》Gen 12:1）《新约》也说：relinquere domum propter evangelium. "为了福音的缘故而离开自己的家。"（《新约·马可福音》Mk 10:29）

4. Vir magni animi non flagitat vivere sic ut damno sit virtuti suae. 志士仁人，无求生以害仁。（15:9）

vir magni animi［名］有伟大胸怀的人；参见英语的 a man of a great mind。

flagitat［动］要求；［三单，主动，现，直］；从 flagito, -are

迫切要求，恳求。

vivere［动］生活；［不定式，现，主动］；从 vivo, vivere 生活，生存。

sic ut［连］等于英语的 so that，表示结果。

damno［名］损失；［中，单，与］；从 damnum, -i, n. 损失，害处。

virtuti［名］美德；［阴，单，与］；从 virtus, -utis, f. 美德。

注：参见 CSP 对"志士仁人，无求生以害仁，有杀身以成仁。"的翻译：Vir excelsi magnique animi, idemque vir virtutis solidae, non flagitat vivere sic ut damno sit virtuti suae; immo datur qui prodigat vitam ut consummet virtutem.

《新约》同样把"仁爱"和"牺牲性命"联结到一起：Maiorem hac dilectionem nemo habet, ut animam suam ponat quis pro amicis suis. "人若为自己的朋友牺牲性命，再没有比这伟大的爱了。"（《新约·约翰福音》Jn 15:13）请参见托马斯·阿奎那关于"牺牲性命"的说法：Tolerare mortem non est laudabile secundum se, sed solum secundum quod ordinatur ad aliquod bonum. "接受死亡本身并不值得赞成，只是因为牺牲性命是为了某一种善。"（《神学大全》S. Th. II, II, 124, 3）还有这样的话：Contingere potest, quod aliquis minus quam debeat timeat mortem. "可能有的人害怕死亡的程度低于他们应该害怕死亡的程度。"（《神学大全》S. Th. II, II, 126, 1）

5. Oportet imprimis hoc efficere, ut non essent litigantes, aut lites. 必也使无讼乎！（12:13）

oportet［动］它是必须的；［三单，现］；等于英语的 it is necessary to。

imprimis［副］尤其。

efficere［动］完成；［不定式，主动］；从 efficio, -ere 完成，成就。

litigantes［分词］起诉人；［现在时分词，主动，复，主］；从 litigo, -are 起诉，诉讼；分词当名词用。

lites［名］诉讼案；［阴，复，主］；从 lis, litis, f. 诉讼，诉讼案。

注：请分析 CSP 对"听讼，吾犹人也。必也使无讼乎"的翻译：In audiendis litigandibus ego sum sicut alii passim homines, sed oporteret imprimis hoc efficere ut non essent litigantes, aut lites. 参见西方法学的格言：Interest rei publicae ut sit finis litium. "诉讼的终结是符合国家利益的。"①

值得思考的问题是，孔子在法律文化尚未建立的时候已经愿意结束"讼"，所以 20 世纪中国最杰出的法学家吴经熊曾说，汉代的儒学使中国法学"踏入棺材"。

---

① 参见雷立柏编：《拉－英－德－汉法律格言辞典》，北京：宗教文化出版社，2008。

第十六章 目的从句

练习：

请翻译下列例句。

Edo ut vivam.

Disco ut ad scientiam pervenirem.

Galli legatos miserunt ut pacem peterent.

Do ut des. Do ut facias. Facio ut des. Facio ut facias.

第十七章　动名词

拉丁语的"动名词"（gerundium）以名词的形式使用动词，也有属格、宾格、夺格等形式，比如：

ars scribendi［属］写作的技术；从 scribo, scribere 写，编写。
facultas docendi［属］教书的能力；从 doceo, -ere 教书。
locus standi［属］能站的地方，立场；从 sto, stare 站。

Veni ad discendum.［宾］我来为了学习；从 disco, -ere 学习。

Docendo discimus.［夺］通过教导我们学习；从 doceo, -ere 教导。
Loquendo movebo animos vestros.［夺］我通过说话要感化你们；从 loquor, loqui 说话。

1. Imitari sapientes et sese exercitare in studio imitandi, nonne olim delectabile erit?

学而时习之，不亦说乎？（1:1）

第十七章 动名词

imitari［动］效法；［不定式，现］；从 imitor, -ari, -atus sum 模仿，效法。

sapientes［名］智者；［阳，复，宾］；从 sapiens, -ntis, m. 智者。

sese = se［反身代词］自己。

exercitare［动］练习；［不定式，现］；从 exercito, -are 练习。

studio［名］努力；［中，单，夺］；从 studium, -i, n. 努力，追求。

imitandi［动名词］效法；［属］；从 imitor 模仿。

erit［动］它将是；［三单，将，直］；从 sum, esse 是。

注：参见 CSP 的翻译：Operam dare imitationi sapientium, et assidue exercitare sese in huiusmodi studio imitandi, nonne olim delectabile erit?

2. Via discrepantes non convenient ad consultandum.

道不同，不相为谋。（15:40）

via［名］道路；［阴，单，夺］；从 via, viae, f. 道路，正路；夺格表示状态。拉丁语的 via 也可以表示"生活方式"或"人生态度"，比如 via recta 表示"正当的生活方式"。

discrepantes［分词］有分歧的；［现在时分词，主动，复，主］；从 discrepo, -are 分歧，差别；分词当名词用。

convenient［动］他们将来到一起；［三复，主动，将，直］；从 convenio, -ire 聚集，相遇。

consultandum［动名词］商量；［宾］；从 consulto, -are 商量。

注：参见 CSP 的翻译：Via discrepantes haudquaquam inter se convenient ad consultandum quidpiam.

3. Vir probus perficit aliorum virtutes juvando imbecilles.
君子成人之美。（12:16）

perficit［动］他发展；［三单，主动，现，直］；从 perficio, -ere 完成，发展。

aliorum［代词］他们的；［阳，复，属］；从 alius, -a, -ud 其他的；阳性指"人"。

juvando［动名词］通过协助；［夺格］；从 juvo (=iuvo), -are 协助，帮助；juvando 等于英语的 by helping。

imbecilles［形］软弱的（人）；［阳，复，宾］；从 imbecillis, -e 软弱的，无力的；阳性指"人"。

注：参见 CSP 对"君子成人之美，不成人之恶。小人反是"的解释性翻译：Vir probus ac sapiens perficit verbo et opere aliorum hominum virtutes ac laudes, juvando scilicet imbecilles, timidos, ac jacentes erigendo, subdendo calcaria currentibus, nequaquam vero tuetur aut confirmat perditorum hominum licentiam et improbitatem; stulti vero improbique viam tenent plane contrariam hic viae.

第十七章　动名词

4. Conatus sum docere alios, nec frangi vel fatigari docendi labore.
诲人不倦。（7:2）

conatus sum［动］我曾试图；［一单，被动，完，直］；从 conor, -ari, conatus sum 尝试，试图。

docere［动］教导；［不定式，现，主动］；从 doceo, -ere 教导。

nec［连］并且不。

frangi［动］被折断；［不定式，现，被动］；从 frango, frangere, fregi 折断，破坏。

fatigari［动］疲倦；［不定式，现，被动］；从 fatigo, -are 使疲惫，使劳累。

docendi［动名词］教导；［属］；从 doceo 教导。

labore［名］通过劳苦；［阳，单，夺］；从 labor, -oris, m. 劳苦；夺格表示原因。

练习：

请翻译下列句子。

Possum natare.

Habeo facultatem natandi.

Facultas natandi data est mihi.

Facultas loquendi data est omnibus hominibus.

Piscis ad natandum natus est.

Homo ad cogitandum natus est.

Docendo discimus.

Libros legendo discimus.

第十八章　动形词

拉丁语的"动形词"（gerundivum）以形容词的形式使用动词，所以动形词有性、数和格之分。动形词翻译为"应该被……"，比如：

vir laudandus 一个应该被赞美的男人；［复］viri laudandi

epistula scribenda 一封应该被写的信；［复］epistulae scribendae

vitium vitandum 一个应该被回避的恶习；［复］vitia vitanda

1. Applicui animum ad discenda instituta.

吾志于学。（2:4）

applicui animum 我致力于，我"将精神投入于"；从 applico, -cere, -cui 应用于，投入于。

ad［介］向；表示方向，目的。

discenda［动形词］学习；［中，复，宾］；从 disco, discere 学习。

instituta［名］教导；［中，复，宾］；从 institutum, -i, n. 教训，教导。拉丁语的 discenda instituta 可以理解为"那些应该被学习的教导"，而 ad 表示目的，所以"为了学习那些道理"。

2. Yuan Xian quaesivit ecquid erubescendum sit.

宪问耻。（14:1）

Yuan Xian［人名］原宪；［阳，单，主］。

quaesivit［动］他曾问；［三单，主动，完，直］；从 quaero, -rere, -sivi 问。

ecquid［疑问词］什么？（ecquid = quid）

erubescendum［动形词］应该感到羞愧的；［中，单，主］；从 erubesco, -escere 脸发红，羞愧。

sit［动］它可能是；［三单，现，虚］；从 sum, esse 是。

注：请分析 CSP 对"宪问耻。子曰：邦有道，穀；邦无道，穀，耻也"的翻译：Discipulus Yuen hien［Yuan Xian］quaesivit ecquid erubescendum sit. Confucius respondit: In Regno dum vigent leges gerere munus publicum, nec opera vel consilio conferre quidquam ad utilitatem publicam, et interim frui censu regio, res est pudore digna. Rursus in Regno dum jacent leges pari otio socordiaque diffluere, dum maxime tamen consulendum esset periclitanti patriae, et nihilominus frui censu regio; vehementer erubescendum est.

3. In audiendis litigantibus ego sum sicut alii.

听讼，吾犹人也。（12:13）

audiendis［动形词］那些应该被听的；［阳，复，夺］；从 audiendus；从 audio, -ire 听。

litigantibus［分词］诉讼者；［现在时分词，阳，复，夺］；从 litigans；从 litigo, -are 诉讼。

sicut［副］如同。

4. Mens defigenda est in rationis dictamine, sive in eo quod ratio a nobis exigit.

志于道。（7:6）

mens［名］心意；［阴，单，主］；从 mens, mentis, f. 心，思想，记忆力，心意。

defigenda［动形词］应该被固定在里面的；［阴，单，主］；从 defigendus；从 defigo, -ere 固定在里面，集中。

rationis［名］理性；［阴，单，属］；从 ratio, -onis, f. 理性，原则。

dictamine［名］命令；［中，单，夺］；从 dictamen, -inis, n. 要求，命令，良心的声音。

exigit［动］他要求；［三单，主动，现，直］；从 exigo, -ere 要求。

注：参见 CSP 对"志于道，据于德，依于仁，游于艺"的翻译：Primum mens defigenda in consentaneo rationis dictamine, sive in eo quod ratio a nobis exigit. Deinde, serio magnoque animo arripienda, seu apprehendenda virtus. Tertio, firmiter incumbendum in absolutam virtutis interioris perfectionem. Quarto, ut vigeat exercitium, et quae hoc consequitur facilitas et peritia in bonis artibus officiisque.

练习：

请翻译下列句子。

Hoc tibi agendum est.

Cicero librum scripsit de morte contemnenda.

Si deficiunt vires tamen est laudanda voluntas.

Venio hic ad libros legendos.

第十九章　表示事实的从句

拉丁语可以用 quod 来表示一个从句的事实，这个 quod 等于英语的 that（如 I know that...）。在汉语中没有符合这种 quod 的词。基本上，一切 ACI（宾格加不定式结构）的句子都可以改成"表示事实 quod"的句子，请看下面的例句：

Scio Marcum venire. = Scio quod Marcus venit. = I know that Mark comes. 我知道马库斯要来。

Iubeo te laborare. = Iubeo quod laboras. = I demand that you work. I command you to work. 我命令你去工作。

Censeo Latinam linguam pulchram esse. = Censeo quod Latina lingua pulchra est. = I think that Latin is elegant. 我认为拉丁语很优美。

1. Affirmo quod voluptas constat inter haec.
乐亦在其中矣。（7:16）

affirmo［动］我断言；［一单，主动，现，直］；从 affirmo,

-are 肯定，确认。

voluptas［名］乐趣；［阴，单，主］；从 voluptas, -atis, f. 乐趣。

constat［动］存在，有；［三单，现］；从 consto, -stare 存在，有。

注：全句的拉丁译文，请参见第十四章例句 6。

2. Si tres homines ambulant, affirmo quod unus eorum magister meus est.

三人行，必有我师焉。（7:22）

si［连］如果。

ambulant［动］他们走路；［三复，现，主动］；从 ambulo, -are 散步，走。

affirmo［动］我断言；［一单，现，主动］；从 affirmo, -are 肯定，坚持，主张。

unus［数词］一个；［阳，单，主］。

eorum［代词］他们中的；［阳，复，属］；从 is, ea, id 他，她，它。

练习：

请翻译下列的句子。

Aliquando fit quod sapiens errat.

Eo die factum est quod amicus meus venerat.

第十九章 表示事实的从句

Illo tempore feliciter evenit quod cum amico cenavi.

Scio quod non veniet.

Scio quod dixisti verba candida.

Quod librum scripsi factum est inopia.

第二十章　课文《论语》

下面的文献来自《论语》的拉丁语译本《中国哲学家孔子》。以下译文在第一章到第十九章语法例句的注解部分都能找到汉语原文，请将拉丁语译文翻译成现代汉语和英语。

Mi discipule You, qui perspectam habeant virtutem, pauci sunt.
参见《论语》（15:4）"由，知德者鲜矣"。

Proborum tota mens et cogitatio occupatur una virtute, improbi contra suis intenti commodis. (= sed improbi intenti sunt suis commodis)
参见《论语》（4:16）"君子喻于义，小人喻于利"。

Homines natura et rationis lumine inter se mutuo proxime conjuncti, studiis saepe moribusque inter se longissime distant.
参见《论语》（17:2）"性相近，习相远也"。

Ipsa persona gubernantis alios si recta sit, et ad omnem virtutem composita, etiamsi nullius utatur monitis vel adhortationibus, ultro tamen ad omnem virtutem ac laudem convertent se subditi, exemplo scilicet gubernatoris pertracti. E contrario, ipsa persona si non sit recta, licet assiduis stimulis et adhortationibus utatur, tamen non sequentur subditi. Allicient enim verba, sed potentius avertent facta.

参见《论语》(13:6)"其身正，不令而行；其身不正，虽令不从"。

Prisci studebant litteris optimisque disciplinis primum ac potissimum propter se, fructum virtutis ac sapientiae inde petentes. Homines vero aetatis nostrae student litteris propter alios, a quibus scilicet vel inanem plausum expectant, vel honoris ac rei familiaris amplificationem.

参见《论语》(14:24)"古之学者为己，今之学者为人"。

Alios itaque diligamus, sicut ipsi diligimus: Alios ex nobis metiamur: labores aliorum et commoda ex nostris aestimemus. Haec demum potest dici virtutis Gin (Ren), sive memoratae jam caritatis ac pietatis exercitandae ars ac regula.

参见《论语》(6:30)"己欲立而立人，己欲达而达人。能近取譬，可谓仁之方也已"。

Sector virtutis habet tria sibi cavenda. Adolescentiae tempore, sanguine et spiritibus necdum consistentibus, quod cavendum, est res venerea. Provectus ad suam maturam aetatem, sanguine spiritibus jam corroboratis, quod caveat sunt rixae. Provectus ad suam senectutem, sanguine spiritusque jam languentibus, quod caveat, est cupiditas habendi.

参见《论语》（16:7）"君子有三戒，少之时，血气未定，戒之在色；及其壮也，血气方刚，戒之在斗；及其老也，血气既衰，戒之在得"。

Vescor fere admodum vulgari parabilique cibo; poto lympham, et dum brevi somno reficio vires, inflecto cubitum, capitique subjicio, et is mihi pro cervicali est. Hoc interim affirmo, quod sua Philosopho voluptas etiam constat haec inter. Habet omnino suas virtus delicias, medias inter asperitates. Quisquis autem expers virtutis est, etsi idem sit dives et opulentus, adeoque sicut fere usu venit, honoratus, apud me certe quidem erit instar volantis nubis.

参见《论语》（7:16）"饭疏食饮水，曲肱而枕之，乐在其中矣。不义而富且贵，于我如浮云"。

Vir probus ac sapiens perficit verbo et opere aliorum hominum virtutes ac laudes, juvando scilicet imbecilles, timidos, ac jacentes erigendo, subdendo calcaria currentibus, nequaquam vero tuetur aut confirmat perditorum hominum licentiam et improbitatem; stulti vero improbique viam tenent plane contrariam hic viae.

参见《论语》（12:16）"君子成人之美，不成人之恶。小人反是"。

Discipulus Yuen hien [Yuan Xian] quaesivit ecquid erubescendum sit. Confucius respondit: In Regno dum vigent leges gerere munus publicum, nec opera vel consilio conferre quidquam ad utilitatem publicam, et interim frui censu regio, res est pudore digna. Rursus in Regno dum jacent leges pari otio socordiaque diffluere, dum maxime tamen consulendum esset periclitanti patriae, et nihilominus frui censu regio; vehementer erubescendum est.

参见《论语》（14:1）"宪问耻，子曰：邦有道，穀；邦无道，穀，耻也"。

Primum mens defigenda in consentaneo rationis dictamine, sive in eo quod ratio a nobis exigit. Deinde, serio magnoque animo arripienda, seu apprehendenda virtus. Tertio, firmiter incumbendum in absolutam virtutis interiors perfectionem. Quarto, ut vigeat exercitium, et quae hoc consequitur facilitas et peritia in bonis artibus officiisque.

参见《论语》（7:6）"志于道，据于德，依于仁，游于艺"。

第二十一章 课文《大学》

意大利传教士罗明坚（Michele Ruggieri，1543—1607）是第一位将儒家经典译成拉丁语的人，他曾翻译《大学》。下面介绍他对《大学》开篇的拉丁语翻译，为了帮助读者理解拉丁语译文，我将拉丁语译成英语，并加了一些注解。请分析每一个拉丁语动词的语法形式。本章资料来自张西平《西方汉学的奠基人——罗明坚》。[①]

[原文] 大学之道，

[拉丁语] Humanae institutionis ratio,

[英语] The plan for a human education,

注：译文的拉丁语单词是 humanus, -a, -um [形] 人的，属人类的，符合人情的；institutio, -onis, f. 教育，制度（参见第四章例句 4）；ratio, -onis, f. 思考，想法，计划，理由，理性（参见第四章例句 6）。欧洲的耶稣会在 17、18 世纪创办了很多学院，耶稣会会士用 ratio studiorum 一词来形容他们的教育计划和课程安排，即当时很盛行的亚里士多德哲学、托马斯主义的神学理论和

---

① 参见张西平：《传教士汉学研究》，郑州：大象出版社，2005，第 3—28 页。

自然科学等。殷铎泽后来将"大学"译为 Magnorum virorum sciendi institutum（"大人物的知识教育"），其中的 institutum, -i, n. 与 institutio 是同义词。

　　［原文］在明明德，
　　［拉丁语］posita est in lumine naturae cognoscendo et sequendo,
　　［英语］lies in knowing and following the light of nature,
　　注：从语法来看，posita est 是被动完成时，来自 pono, ponere, posui, positus 安放，设定。"明德"译为 lumen naturae（自然之光），指人的天赋理性，在神学中指"启示以外的"真理（比如古希腊的形式逻辑）。托马斯主义强调"自然之光"有自己的独立性并具有价值。第一个"明"译为 cognoscendo et sequendo，这是 cognosco, -ere（认识）和 sequor, sequi（跟随，随从，遵从）的动形词（gerundive），其夺格符合 lumine（光），所以可以译为"应该被认识和遵守的自然之光"。在西方语言中"观看"和"遵守"有内在的关系，比如希伯来语的 shamar，希腊语的 phylattein，拉丁语的 observare，英语的 observe 都有"观察"和"遵守"两层含义。译者认为"明"指"明认"（cognoscendo）和"表达出来"（sequendo）两个意思。

　　［原文］在新（亲）民，
　　［拉丁语］in aliorum hominum conformatione,
　　［英语］and in the conformity to the other people,
　　注：拉丁语译文以 alii homines（其他人）翻译"民"，而原

文的"亲"译为 conformatio。拉丁语的 conformatio, -onis, f.（采取同样的形式，符合，适应）是英语 conform，conformation，conformity，conformable 的来源。这个词使基督徒联想到《新约·腓立比书》（Phil 2:5.7），在那里提到耶稣原来有 forma Dei（神的形象），但他"接受了奴仆的形象"（formam servi accipiens）。古罗马的哲人 Seneca 也强调一个人的言行应该"平易近人"：Intus omnia dissimilia sint, frons populo nostra conveniat. "内心的思想也许和别人完全不一样，但在外表上应该符合社会环境。"（《道德信笺》 *Epistulae morales*, 5）

［原文］在止于至善。

［拉丁语］et in suscepta probitate retinenda.

［英语］and in keeping the goodness once it has been accepted.

注："至善"译为 suscepta probitate。单词：suscipio, -cipere, -cepi, -ceptum 获得，接受，支持，采取，领受；probitas, -atis, f. 善，正直，荣誉。动形词 retinenda（阴性符合 probitate）来自 retineo, -ere 遵守，坚持等。

［原文］知止而后有定，

［拉丁语］Quando compertum fuerit ubi sistendum, tunc homo consistit.

［英语］When it is understood where one should stop, then a person comes to a halt or becomes steadfast.

注：连词 quando 在这里意为"一旦"或"当……时"；compertum fuerit（被动将来完成时的虚拟式，中性）来自 comperio, -perire, -peri, -pertum 发现，了解，学会，意识到。拉丁语的 quando compertum fuerit 英语可以译为 once it would have been understood。拉丁语 sistendum（动形词，中性）来自 sisto, sistere, stiti, statum 站住，停止。拉丁语 consisto, -ere 的意思是"停止""站住""变坚定""变稳定""凝固"等。值得注意的是，拉丁语的 sistendum 和 consistit 有同样的词根（参见英语的 stand, standing, steadfastness），而汉语的"止"和"定"在写法上也有一点相似性。

［原文］定而后能静，

［拉丁语］Consistens quiescit,

［英语］Being steadfast he or she is calm,

注：consistens 是 consisto 的现在时分词，单数主格。quiescit 来自 quiesco, quiescere, quievi, quietus 休息，睡眠，沉默，安静下来。

［原文］静而后能安，

［拉丁语］quietus securus est,

［英语］being calm he or she is secure,

注：拉丁语的 securus（不怕的，安静的，安全的）来自 se cura = sine cura（无忧虑的），近义词是 compositus, serenus, tranquilus, pacatus, tutus。

〔原文〕安而后能虑，

〔拉丁语〕securus potest ratiocinari, et dijudicare,

〔英语〕being secure he or she is able to consider and to discern,

注："虑"译为两个词：ratiocinor, -cinari, -cinatus sum 计算，估计，推理，思考；dijudico, -are, -avi, -atum 区分，鉴别。

〔原文〕虑而后能得，

〔拉丁语〕demum potest fieri voti compos.

〔英语〕and finally he or she can become satisfied.

注："得"译为拉丁语的 voti compos，这个优美的词组可以译为 "having one's prayers answered"（"见到自己的意愿实现了，因此感到满意与幸福"）。参见 compos, compotis〔形〕拥有的，获得的，作主的，把握的；亦见 compositus, -a, -um〔形〕结合的，安排的，安静的。

〔原文〕物有本末，事有终始。

〔拉丁语〕Res habent ordinem, ut aliae antecedent, aliae seq-uantur.

〔英语〕The things follow an order, some come first, others may follow.

注：汉语的"物""事"都可以用拉丁语的 res 来表达，因为 res 即指具体的"东西"，也可以指抽象的事，比如法律规则、社会秩序等。"本末"和"终始"结合译为"有的在前，有的在后"，可同时将"本末""终始"和下句的"先后"译为拉丁语的 ordo（秩序）。在托

马斯·阿奎那的哲学中，ordo naturae（自然秩序）是很关键的概念。

［原文］知所先后，则近道矣。

［拉丁语］Qui scit hunc ordinem tenere, non procul abest a ratione quam natura praescribit.

［英语］Who knows to keep this order is not far from the rule which nature prescribes.

注："知"译为 scit ... tenere（"知道如何遵守"），参见 teneo, tenere 抓住，保持，遵守。"道"译成 ratio quam natura praescribit（"大自然所规定的规则"）。关于"道"的其他翻译（regula，via，norma rationis）参见第四章例句 6。

［原文］古之欲明明德于天下者，

［拉丁语］Inde qui voluerunt indagare insitum naturae lumen datum ad mundi regimen,

［英语］Thus those who wanted to investigate the inborn natural light which has been given for the government of the world,

注：拉丁语的 voluerunt 是 volo, velle 的完成时［三复］。参见 indago, -are 寻找，追求；insitus 来自 insero, inserere, insevi, insitum 播种，植入，印入。在这里，"明德"译为 insitum naturae lumen（"内在的自然之光"）；"于天下"译为 datum ad mundi regimen（"为管理世界而给予的"）。拉丁语的被动式 datum（"曾经被给予的"，从 do, dare, dedi, datum）在基督教的文献中暗示"神所给予的"（given from God）。

［原文］先治其国；
［拉丁语］prius regni administrationes sibi proposuerunt.
［英语］they first tried to govern the kingdom.

注："治"译为 administrationes sibi proposuerunt（"致力于管理"）。从词根看，administratio 中有 minister（"仆人""地位不高的"，与 minor "较小的"有关系）。该词使读者联想到"从下面的服务"，而不是"从上面的控制"。

［原文］欲治其国者，
［拉丁语］At qui volebant regnum suum recte administrare,
［英语］And those who wanted to govern their kingdom properly,

［原文］先齐其家；
［拉丁语］prius domum suam disciplina recte constituebant.
［英语］first layed down a good rule for their house.

注：拉丁语的"家"是 domus, -us, f., 也可以指"家族"。"齐"译为 disciplina recte constituere（"恰当地使用规律来整理"），现代英语"宪法"（constitution）的来源是拉丁语的 constituo, -ere, -ui, -utum 建设，设定，制定。

［原文］欲齐其家者，先修其身；
［拉丁语］Qui recte volebant domum suam disciplina con-stituere

prius vitam suam instituerunt.

［英语］Those who wanted to lay down a good rule for their house first ordered their lives.

注："修其身"译为 vitam suam instituere（"整理自己的生活"），参见 instituo, -ere 管理，规定，决定，教导。

［原文］欲修其身者，先正其心；

［拉丁语］Qui vero voluerunt vitam suam instituere prius animum suum instituerunt.

［英语］Those who wanted to order their lives first ordered their hearts.

注：拉丁译文将"修"和"正"都译为 instituere。拉丁语有多个词指"心"（如 cor, pectus, mens），其中一个是 animus, -i, m. 意愿，愿望，心意，精神，志气。

［原文］欲正其心者，先诚其意；

［拉丁语］Qui animum voluerunt instituere mentis intentionem et actiones rectificarunt.

［英语］Those who wanted to order their hearts rectified the intentions of their minds and their actions.

注："诚其意"译为 rectificarunt mentis intentionem et actiones（"纠正内心的意向和种种行动"），rectificarunt 是 rectificaverunt 的简写形式。古典拉丁语没有 rectifico, -are 这样的词，它来自中世纪的传统，接近英语的 rectify。

［原文］欲诚其意者，先致其知；

［拉丁语］Qui suae mentis intentionem et actiones volebant dirigere scientiam sibi comparabant.

［英语］Those who wanted to direct the intentions of the their minds obtained knowledge for themselves.

注："致知"译为 comparare scientiam（"获得知识"），scientia 的原义是"知识"，但在现代语境中使人联想到"科学"。拉丁语的 dirigere（指导）和前句的 rectificare（=rectum facere, 纠正）有同样的词根，即 rego, regere（指导）。

［原文］致知在格物。

［拉丁语］Absolutio scientiae posita est in causis et rationibus rerum cognoscendis.

［英语］The perfection of knowledge is found in the understanding of the causes and purposes of things.

注：原文的"致知"译为 absolutio scientiae，参见拉丁语 absolutio, -onis, f. 完成，完满。动形词 cognoscendis 修饰 causis（"种种原因"）和 rationibus（"种种原则"）。这句话符合古希腊和古罗马对"知识"的定义："理解各事物的原因、来源和目标。"希腊语的关键词是 aitia（来源），拉丁语则是 causa（原因）。Ratio 的意思非常广泛，它包含"规律""原则""目标"等，参见第四章例句 6。

第二十二章　课文《中庸》[1]

殷铎泽于1659年和卫匡国（Martino Martini）以及15名传教士一起来华，先在江西地区传教，于1665年到北京，后在杭州传教，也在杭州去世。他撰写了一部拉丁语版的《汉语语法》，并且将一些汉语经典译为拉丁语，如1662年出版的《大学》（*Sapientia Sinarum*），以及1667年印行的《中庸》（*Sinarum Scientia Politico-Moralis*）。值得注意的是，拉丁语的翻译保留了原文的词序，译者甚至给每一个汉字以及对应的拉丁语词标上一个号码。有趣的是那些难以翻译的词的拉丁语转译，如"率性""修道""教""君子""仁""修身""诚""明""赞天地之化育"等。想评价殷铎泽的翻译当然需要深入了解拉丁语并且掌握古汉语。正如罗莹所写："17世纪意大利耶稣会来华传教士殷铎泽用拉丁语直译《中庸》并以中拉双语对照合刻而成的《中国政治道德学说》（*Sinarum Scientia Politico-Moralis*）一书，实属中西文化对话、交济之先驱。"

［原文］中庸。

---

[1] 本章的资料都来自北京外国语大学罗莹女士的硕士论文《殷铎泽之〈中国政治道德学说〉初探》（2008），并选取了《中庸》的前半部分。

［拉丁语］Medium constanter tenendum.

［英语］The middle way which is always to be kept.

单词：medius, -a, -um［形］中间的，核心的；constanter［副］稳定地；tenendum［动形词］应该被坚持的，从 teneo, -ere 坚持，保持。

［原文］天命之谓性，

［拉丁语］Quod a caelo inditum est, dicitur natura rationalis:

［英语］What has been endowed by heaven is called the rational nature (of man).

单词：indo, -dere, -didi, -ditum 放进去，给予。拉丁语用 quod 译"之"很合适。拉丁语译文加上"rationalis"（理性的），表达的观点类似于亚里士多德的"人是理性的"。

［原文］率性之谓道，

［拉丁语］quod conformatur huic naturae, dicitur regula,

［英语］What is shaped to this nature is called rule,

单词：conformo, -are 塑造，熏陶，形成，教导；regula, -ae, f. 规则，尺度。

［原文］修道之谓教。

［拉丁语］restaurare hanc regulam dicitur institutio.

［英语］and to restore this rule is called education.

单词：restauro, -are 重建，恢复；institutio, -onis, f. 安排，制度，

组织，教导。

［原文］道也者，不可须臾离也，可离非道也。

［拉丁语］Regula haec non potest momento temporis abesse: si posset abesse, non esset regula.

［英语］This rule cannot be absent even for a short time. If it could be absent, it would not be the rule.

单词：momentum, -i, n. 时刻。

［原文］是故君子戒慎乎其所不睹，恐惧乎其所不闻。

［拉丁语］Hac de causa perfectus vir attendit et invigilat in his etiam quae non videntur: timet ac pavet in his etiam quae non audiuntur.

［英语］Because of this the perfect man is attentive and alert even in those matters which cannot be seen, he fears and worries even in these things that cannot be heard.

单词：invigilo, -are 警惕，注意；paveo, -ere 害怕。

［原文］莫见乎隐，莫显乎微，故君子慎其独也。

［拉丁语］Non apparent, quia recondita sunt; non sunt man-ifesta, quia subtilia. Ideo perfectus vir invigilat sui secreto.

［英语］They do not appear, because they are hidden, and they are not obvious, because they are subtle. Thus the perfect man cares about his hidden matters.

单词：appareo, -ere 出现，显现；reconditus, -a, -um 隐藏的，隐蔽的；subtilis, -e 细微的，巧妙的，渺茫的；secretum, -i, n. 秘密，隐藏的事。

［原文］喜怒哀乐之未发，谓之中；

［拉丁语］Gaudium, ira, tristitia, hilaritas, priusquam pullulent, dicuntur medium sive natura indifferens.

［英语］Before joy, wrath, sadness or serenity manifest themselves, they are called the middle or the indifferent nature.

单词：hilaritas, -atis, f. 快乐，安祥，宁静；priusquam［副］以前，之前；pullulo, -are, -avi, -atum 发芽，生育，生小孩，产生。

［原文］发而皆中节，谓之和。

［拉丁语］Ubi pullularint et omnia attingerint rectam mensuram, dicuntur concordia.

［英语］Once they are manifest and in all things obtain the right measure, they are called harmony.

单词：attingo, -ere, -i 获得，完成；pullularint = pullulaverint；mensura, -ae, f. 衡量，尺度，节制。

［原文］中也者，天下之大本也；和也者，天下之达道也。

［拉丁语］Medium est orbis magnum fundamentum; concordia est orbis universalis regula.

第二十二章 课文《中庸》

［英语］The middle way is the great foundation of the world, and harmony is the universal rule of the world.

单词：orbis, -is, m. 世界；fundamentum, -i, n. 基础。

［原文］致中和，天地位焉，万物育焉。

［拉丁语］Perfectis medio, et concordia; caeli ac terrae status quietus, et omnium rerum propagatio existit.

［英语］Once the middle way and harmony are achieved, earth and heaven are in a tranquil state, and the birth of all things comes about.

单词：status, -us, m. 状态；quietus, -a, -um 安静的；propagatio, -onis, f. 生育，传生。

［原文］仲尼曰："君子中庸，小人反中庸。

［拉丁语］Confucius ait: perfectus vir tenet medium; improbus praevaricatur medium.

［英语］Confucius said: "A perfect man keeps the middle way, but an unruly many will betray the middle way.

单词：improbus, -a, -um 不可取的，不好的，不标准的，不可靠的，卑鄙的；praevaricor, -ari 违背。

［原文］君子之中庸也，君子而时中；小人之中庸也，小人而无忌惮也。"

［拉丁语］Vir perfectus habet medium, et quia perfectus est, ideo semper tenet medium. Improbus etiam habet medium quod teneat; sed quia improbus, ideo non veretur illud praevaricari.

［英语］The perfect man has the middle way, and because he is perfect, he always keeps it. The unruly many also has a middle way which he may keep, but because he is shameless and unruly he is not worried that he might betray it."

单词：vereor, -eri, -itus sum 敬畏，担心。

［原文］子曰："中庸其至矣乎！民鲜能久矣！"

［拉丁语］Confucius ait: medium o quam illud sublime! Quod e vulgo pauci illud teneant, iam diu est.

［英语］Confucius said: "How sublime is the middle way! Since a long time only few people of the crowd have kept it."

单词：vulgus, i, n. 民众，贱民；iam diu 已经很久，已久。

［原文］子曰："道之不行也，我知之矣，知者过之，愚者不及也；

［拉丁语］Confucius ait: cur via haec non frequentetur, ego novi; quia scilicet prudentes transgrediuntur; rudes non pertingunt.

［英语］Confucius said: "I know why that way is not popular. For the prudent ones overdo it, and the uneducated do not attain it.

单词：frequentor, -ari 有很多人的，普及的，受欢迎的；scilicet［副］就，当然；transgredior, -gredi, -gressus sum 超过，走出；

rudis, -e 粗糙的（人）; pertingo, -ere 达到。

［原文］道之不明也，我知之矣，贤者过之，不肖者不及也。

［拉丁语］Cur item via non sit perspecta, ego novi, quia scilicet sapientes excedunt; inertes non attingunt.

［英语］I know why that way is not accepted. For the wise ones exceed it, and the lazy ones do not reach it.

单词: perspicio, -ere, -spexi, -spectum 看到，发觉，认识。iners, -ertis 缓慢的，无力的。

［原文］人莫不饮食也，鲜能知味也。"

［拉丁语］Hominum nullus non bibit et comedit, at pauci valent dignoscere sapores.

［英语］No human person will not eat or drink, but only few can ascertain the different tastes."

单词: bibo, -ere 喝; comedo, -ere 吃; dignosco, -ere 区分，鉴别; sapor, -oris, m. 味道。

［原文］子曰："道其不行矣夫！"

［拉丁语］Confucius ait: Viam hanc non frequentari, proh! Quam dolendum!

［英语］Confucius said: "What a pity that this way is not more popular! How sad!"

单词：proh! 哎呀！可惜！ doleo, -ere 感到痛苦，感到悲伤。

［原文］子曰："舜其大知也与！舜好问而好察迩言，隐恶而扬善，

［拉丁语］Confucius ait: Xun Imperatoris, illius quam magna prudentia! Xun solebat consulere suos et solebat examinare quaecunque etiam vulgaria suorum responsa, dissimulando mala, et depraedicando bona:

［英语］Confucius said: "How great was the wisdom of Emperor Shun! Shun used to discuss with his subjects, and he examined all the complaints of his people, even of the uneducated ones, by concealing evils and praising good achievements.

单词：soleo, -ere 经常，习惯于；vulgarius, -a, -um 庸俗的；responsum, -i, n. 回答，回应；dissimulo, -are 隐蔽，不谈；depraedicor, -ari 赞美。

［原文］执其两端，用其中于民，

［拉丁语］arripiensque illorum responsorum duo extrema, utebatur eorum medio ad populum regendum.

［英语］Taking from the responses the two extremes he used the middle way between them to rule the people.

单词：arripio, -ere 获得。

第二十二章 课文《中庸》

［原文］其斯以为舜乎！"

［拉丁语］Atque haec illa fuere, propter quae factus est Xun, talis scilicet ac tantus Imperator.

［英语］These things happened that way, and due to these things Shun became such a great man and such a great emperor."

单词：illa［副］这样；imperator, -oris, m. 皇帝。

［原文］子曰："人皆曰予知。驱而纳诸罟擭陷阱之中，而莫之知辟也。

［拉丁语］Confucius ait: hominum quivis dicit: ego prudens sum; sed ut impellitur, mox intrat in mille retia et laqueos, incidit in foveae medium, et nequaquam scit effugere.

［英语］Confucius said: "Anybody may say: I am prudent. However, when he is under pressure, he will soon be caught in many nets and snares, he falls right into a pit, and he does not know how to escape.

单词：impello, -ere 驱逐，推动；mox［副］不久，快；rete, -is, n. 网络；laqueus, -i, m. 陷阱；fovea, -ae, f. 沟，陷阱。

［原文］人皆曰予知。择乎中庸而不能期月守也。"

［拉丁语］Hominum quilibet item dicit: ego prudens sum: seligit medium; sed non valet per spatium unius mensis servare.

［英语］And any human person may say: I am prudent, and he chooses the middle way, but he cannot keep it even for the period of one month."

单词：item［副］同样，另外；spatium, -i, n. 时期。

［原文］子曰："回之为人也，择乎中庸，得一善，则拳拳服膺而弗失之矣。"

［拉丁语］Confucius ait: Hoei (Hui) discipulus, ille plane erat vir. Seligebat medium et assecutus unam aliquam virtutem, illius arte eam stringebat, fovebat in pectore, et nunquam dimittebat.

［英语］Confucius said: "Hui was a simple man. He chose the middle way, and when he achieved one virtue, he held it tight according to its manner, he harbored it in his heart and never dropped it."

单词：planus, -a, -um 简单的；assequor, -qui, -cutus sum 跟踪，赶上，达到；stringo, -ere 捆上，包扎；foveo, -ere 怀着；dimitto, -ere 放弃，失去。

［原文］子曰："天下国家可均也，爵禄可辞也，白刃可蹈也，中庸不可能也。"

［拉丁语］Confucius ait: Orbis regna possunt pacifice regi: dignitates et census possunt recusari: nudi enses possunt calcari; at medium non potest tam facile teneri.

［英语］Confucius said: "The kingdoms of this world can be reigned peacefully. High positions and riches can be rejected. Bare swords can be trodden under foot. But the middle way is not easy to observe."

单词：pacificus, -a, -um 和平的；dignitates, -um, m., pl. 权贵的人；census, -us, m. 财富；recuso, -are 拒绝；nudus, -a, -um 赤裸的；ensis, -is, m. 剑；calco, -are 用脚踏。

［原文］ 子路问强。子曰："南方之强与？北方之强与？抑而强与？

［拉丁语］ Discipulus Cu Lu (Zilu) quaesivit de fortitudine. Confucius ait: de Australis ne regionis fortitudine, vel de Borealis regionis fortitudine, an de vestra fortitudine quaeris?

［英语］ Disciple Zilu asked about fortitude. Confucius said: "Do you ask about the fortitude of southern regions, or about the fortitude of northern regions, or about your own fortitude?

单词：Australis, -e 南方的；Borealis, -e 北方的。

［原文］ 宽柔以教，不报无道，南方之强也，君子居之。

［拉丁语］ Esse largum, lenemque in aliorum institutione, nec immoderatius paenas exigere a refractariis: Australium regionum fortitudo est; et in hac perfecti viri immorantur.

［英语］ To be generous and lenient when teaching others, not to demand hard punishment for criminals, this is the fortitude of the southerners; and perfect men dwell here.

单词：largus, -a, -um 慷慨的；lenis, -e 温和的；immoderatus, -a, -um 过分的，无度的；paena = poen-a, -ae, f. 惩罚；refractarius, -i, m. 违

背法律的人；immoror, -ari 停留，居留。

［原文］衽金革，死而不厌，北方之强也，而强者居之。

［拉丁语］Cubare lanceas super et loricas, mori et non pertimescere: borealium regionum fortitudo est, et in hac fortes immorantur.

［英语］To sleep on lances and breastplates, to die without fear, this is the fortitude of northerners; and courageous people stay here.

单词：lancea, -ae, f. 长矛; lorica, -ae, f. 盔甲; pertimesco, -ere 害怕。

［原文］故君子和而不流，强哉矫！

［拉丁语］Itaque [puto] virum perfectum accommodare se aliis, et non diffluere; haec fortitudo proh quanta!

［英语］Thus the perfect man adjusts to others, but he does not float around. How great is this fortitude!

单词：accommodo, -are 适应; diffluo, -ere 流散，散开。

［原文］中立而不倚，强哉矫！

［拉丁语］In medio aliorum, ipsum unum rectum stare, et nusquam inclinare; haec fortitudo pro quanta!

［英语］To stand by the same rightness in the midst of many other things, and never to waver, how great ist this fortitude!

单词：inclino, -are 倾向于，离开。

［原文］国有道，不变塞焉，强哉矫！国无道，至死不变，强哉矫！"

［拉丁语］Si in regno vigeant virtus ac leges, non mutari, nec intumescere; haec fortitudo proh quanta! Si in regno iaceant virtus ac leges, etiam redactum ad mortem, non mutari; haec fortitudo proh quanta!

［英语］When virtue and the laws thrive in the country, not to change nor to be proud, how great is this fortitude! When virtue and the laws lie in ruins in a country, not to change even when put to death, how great is this fortitude!"

单词：vigeo, -ere 盛行，繁荣；muto, -are 改变；intumesco, -ere 膨胀，变骄傲；iaceo, -ere 不起作用；redigo, -igere, -egi, -actum 还原，使归于。

［原文］子曰："素隐行怪，后世有述焉，吾弗为之矣。

［拉丁语］Confucius ait: sectari recondita et patrare miranda, ut posteris saeculis sint qui depraedicent, id ego non fecero.

［英语］Confucius said: "To search for hidden things and to achieve miracles, so that some people in later generations may praise it, this I would not do.

单词：sector, -ari, -atus sum 不断追究；reconditus, a, -um 隐蔽的，秘密的；patro, -are 成就，完成；mirandus, -a, -um 奇妙的；depraedico, -are 赞扬。

〔原文〕君子遵道而行，半涂而废，吾弗能已矣。

〔拉丁语〕Perfectus vir aggreditur viam, et progreditur. Progredi ad medium viae, et deficere, ego no possem sic sistere.

〔英语〕A perfect man approaches the way and progresses in it. To go half the way and then to stop, this I could not stand.

单词：aggredior, -gredi, -gressus sum 走向；progredior, -gredi, -gressus sum 迈进。

〔原文〕君子依乎中庸，遁世不见知而不悔，唯圣者能之。"君子之道费而隐。

〔拉丁语〕Perfectus vir conformat se cum medio; fugere saeculum, non videri, nec cognosci, et id non sentire, solus sanctus potest. Perfectorum regula ampla est et subtilis.

〔英语〕A perfect man will try to conform with the middle way. Only a saintly man can flee the secular world, live hidden, and be unknown without feeling it." The principle of the perfect men is wide and subtle.

单词：amplus, -a, -um 宽广的，广大的。

〔原文〕"故君子不可以不修身；思修身，不可以不事亲；思事亲，不可以不知人；

〔拉丁语〕Ideo perfectus Rex non potest non excolere suam personam, meditans excolere suam personam, non potest non servire parentibus: meditans servire parentibus, non potest non cognoscere homines;

第二十二章 课文《中庸》

[英语] "Thus a perfect King must cultivate his person; seeking to cultivate his person he must serve his parents; seeking to serve his parents he must know other people;

单词：excolo, -ere 培养，陶成；meditor, -ari 思考，想要；cognosco, -ere 认识。

[原文] 思知人，不可以不知天。"

[拉丁语] meditans cognoscere homines, non potest non cognoscere caelum.

[英语] seeking to know other people he must know Heaven."

[原文] 天下之达道五，所以行之者三：曰君臣也，父子也，夫妇也，昆弟也，朋友们之交也：

[拉丁语] Orbis universales regulae sunt quinque: ea quibus exercentur illae tria: videlicet Regem inter et subditum; patrem inter et filium; maritum inter et uxorem; fratres maiores natu inter et minores. Et eiusque amicos, inter est societatis regula.

[英语] The unversal principles of the world are five; those which are practised are the following three: The principles of the relationships between the King and the subject, between father and son, between husband and wife, between older and younger brothers, and the principle of the association of friends.

单词：orbis, -is, m. 世界；quinque 五；exerceo, -ere 训练，实践，

使用；subditus, -a, -um 属下的（人）；maritus, -i, m. 丈夫；maior natu 年龄比较大的。

［原文］五者天下之达道也；知、仁、勇三者，天下之达德也，所以行之者一也。

［拉丁语］Hae quinque sunt orbis generales viae. At prudentia, amor universalis, et fortitudo: tria haec sunt orbis generales virtutes: id vero quo exercentur ipsae, unum quid est.

［英语］These five are the general ways of the world, and prudence, universal love, and courage, these three are the general virtues of the world, but the agent by which they are practised is one thing.

单词：prudentia, -ae, f. 明智，谨慎；fortitudo, -inis, f. 勇气。

［原文］或生而知之，或学而知之，或困而知之，及其知之一也；

［拉丁语］Sive quis nascatur sciens; sive quis discendo sciat; sive laborando sciat. Ubi pertingerunt ad ipsam scientiam, unum quid est.

［英语］Either someone is born knowing it, or he may know it by learning, or he may know it through laborious experience. What pertains to this same knowledge is one.

［原文］或安而行之，或利而行之，或勉强而行之，及其成功一也。

［拉丁语］Sive quis sponte quieteque operetur, sive ob lucrum

operetur, sive violente operetur: ubi pertingerunt ad ipsius complementum operis, unum quid est.

［英语］Either someone does it spontaneously and quietly, or he does it for profit, or he is forced to do it; but what pertains to the completion of this same work is the same.

单词：lucrum, -i, n. 利益，钱；complementum, -i, n. 完成。

［原文］子曰："好学近乎知，力行近乎仁，知耻近乎勇。

［拉丁语］Confucius ait: qui amat discere, appropinquat ad prudentiam; qui nititur operari appropinquat ad amorem; qui novit verecundari appropinquat ad fortitudinem.

［英语］Confucius said: "he who loves to learn approaches prudence; he who strives hard approaches love; and he who knows bashfulness approaches courage.

单词：nitor, niti 努力于；appropinquo, -are 接近；verecundor, -ari 敬畏。

［原文］知斯三者，则知所以修身；知所以修身，则知所以治人；知所以治人，则知所以治天下国家矣。"

［拉丁语］Si nosti haec tria, iam nosti id quo excolitur persona: si nosti id quo excolitur persona iam nosti id quo regas homines: si nosti id, quo regas homines, iam nosti id quo regas totius orbis regna.

［英语］If you know these three, you know already by which

things the person is refined: if you know how the person is refined, you already know by what means you may rule other people, and if you know how to rule other people, you already know by what means you may rule the kingdoms of the whole world."

［原文］凡为天下国家有九经，曰：修身也，尊贤也，亲亲也，敬大臣也，体群臣也，子庶民也，来百工也，柔远人也，怀诸侯也。

［拉丁语］Quicunque regunt orbis regna habent novem regulas, videlicet: excolere seipsos; colere sapientes; amare parentes ac propinquos; honorare praestantiores ministros; accommodare sese cum reliquis ministris; filiorum instar amare populum; accersere plurimos artifices benigne excipere e longinquo advenas; denique fovere regulos.

［英语］Those who rule the kingdoms of the world have nine rules, namely: to cultivate oneself, to support wise people, to love parents and relatives, to honor outstanding officials, to appease the other officials, to love the people like one's own children, to summon many craftsmen, to kindly receive people from a far, to encourage the princes.

单词：excolo, -ere 培养，修练；videlicet 就是；propinquus, -a, -um 邻居的，邻近的，亲戚的；se accommodare 配合；instar 相等，代替；accerso = arcesso, -ere, -ivi 聚集；artifex, -icis, m. 工匠，艺术家；excipere = accipere；advena, -ae, m. 外地人，外国人；e longinquo 从远处；foveo, fovere, fovi, fotum 给温柔，支持。

［原文］修身则道立，尊贤则不惑，亲亲则诸父昆弟不怨，

［拉丁语］Si rex excolat seipsum, mox regulae illae vigebunt. Si colat sapientes, iam non haesitabit in negotiis; si amet parentes, iam inter reliquos patruos fratres maiores natu et minore non erunt simultates;

［英语］If the king cultivates himself, these rules will soon gain strength, if he supports wise people, he will not delay his tasks; if he loves the parents, there will be no animosities between the uncles and the older and younger brothers;

单词：vigeo, vigere 繁荣；simultas, -atis, f. 嫉恨。

［原文］敬大臣则不眩，体群臣则士之报礼重，

［拉丁语］si veneretur praecipuos ministros, iam non caligabit in regimine; si sese accommodet cum reliquis ministris, iam omnes praefecti reddent obsequia sua impensius;

［英语］if he respects the great officials, his rule will not grope in the dark; if he appeases the other officials, all commanders will more earnestly render their services;

单词：caligo, -are 处于黑暗；praefectus, -i, m. 统治者，领导；obsequium, -i, n. 服从；impensus, -a, -um 重的，贵的，认真的。

［原文］子庶民则百姓劝，来百工则财用足，

［拉丁语］si filiorum instar amet populum, tunc populus animabitur; si accersat plurimos artifices, tunc divitiarum ad utendum affatim erit;

［英语］ if he loves the people like his own children, then the people will be animated; if he summons many craftsmen, there will be enough wealth for use;

单词：animo, -are 激活，启发，鼓励；affatim［副］足够。

［原文］柔远人则四方归之，怀诸侯则天下畏之。

［拉丁语］ si benigne excipiat e longinquo advenas, mox quattuor terrarium populi ad ipsum se conferent; si foveat regulos, iam toto orbe formidabilis erit.

［英语］ if he kindly receives people from afar, soon the people from the four regions will come to him; if he encourages the princes, he will be feared by the whole world.

单词：formidabilis, -e 受敬畏的。

［原文］果能此道矣，虽愚必明，虽柔必强。

［拉丁语］ Revera qui servare valet hanc regulam, quamvis rudis sit, tandem erit clare intelligens; quamvis imbecillis sit, tandem fortis evadet.

［英语］ Indeed, if someone can keep this rule, he will know clearly, even if he should be uneducated, and he will go off strong, even if he is weak.

单词：revera = re vera 实际上；valeo, -ere 能够；rudis, -e 粗鲁的，

无文化的；imbecillis, -e 软弱的，无力的；evado, -ere 走出来。

［原文］自诚明，谓之性；

［拉丁语］Seipso vere solideque perfectum (esse, simulque rerum omnium) intelligentem, dicitur natura (seu, nativa virtus).

［英语］To be truly and earnestly perfect by oneself and to know (all things at the same time), this is called nature (or inborn virtue).

单词：verus, a, um 真正的；solidus, a, um 诚恳的，完整的，坚定的；intelligens, -entis 理解的；nativus, -a, -um 天生的，生下就有的，自然的。

［原文］自明诚，谓之教。

［拉丁语］Seipsum (prius) illuminare reddereque intelligentem (ac deinde in) vera (virtute seu) perfectione solidare, dicitur institutio.

［英语］To enlighten oneself and to make oneself understand, and then to rest in true (virtue or) perfection, this is called education.

单词：illumino, -are 照亮，照明；solido, -are 凝固，使坚定。

［原文］诚则明矣，明则诚矣。

［拉丁语］Qui nativa perfectione dotatus est, eo ipso intelligens est: qui autem prius rerum intelligentiam sibi comparavit, poterit deinde perfectus evadere.

［英语］Whoever is endowed with inborn perfection is therefore

also understanding, and who first acquires for himself the understanding of the things will then also go off as a perfect person.

单词：comparo, -are 准备，获得。

［原文］唯天下至诚，为能尽其性；

［拉丁语］Solum in universo hoc summe perfectus potest exhaurire suam naturam.

［英语］In this universe only the most perfect man can fully exhaust or realize his nature.

单词：exhaurio, -ire 汲尽，喝完。

［原文］能尽其性，则能尽人之性；

［拉丁语］Si potest exhaurire suam naturam iam poterit exhaurire aliorum hominum naturam;

［英语］If he can fully realize his own nature, he could also realize the nature of other persons;

［原文］能尽人之性，则能尽物之性；

［拉丁语］si potest exhaurire hominum naturam, poterit exhaurire rerum naturas;

［英语］if he can fully realize the nature of other people, he could also deal thoroughly with the nature of the things,

〔原文〕能尽物之性，则可以赞天地之化育；

〔拉丁语〕si potest exhaurire rerum naturas, iam poterit adiuvare coelum et terram in productione et conservatione rerum;

〔英语〕and if he can exhaust the natures or essences of the things, he could also assist heaven and earth in the production and conservation of all things;

〔原文〕可以赞天地之化育，则可以与天地参矣。

〔拉丁语〕si potest adiuvare coelum et terram in productione et conservatione rerum, iam etiam poterit cum coelo et terra ternarium principium constituere.

〔英语〕if he can assist heaven and earth in the production and conservation of all things, he could also constitute a third principle together with heaven and earth.

单词：adiuvo, -are 协助；productio, -onis, f. 生育，产生；ternarius, -a, -um 三方面的。

第二十三章　课文《孟子》

在清朝时期入华传教的耶稣会会士对儒家传统有浓厚的兴趣，所以他们开始翻译各种儒学文献。法国人雷孝思（Jean-Baptiste Regis，1663—1738）1697年入耶稣会，1698年到北京，开始学习满语、汉语，1708年起先后与白晋（Joachim Bouvet，1656—1730）、杜德美（Pierre Jartoux，1668—1720）、冯秉正（J. F. M. A. de Moyriac de Mailla，1669—1748）、德玛诺（Romain Hinderer，1574—1659）等十人奉康熙皇帝之命测绘中国全国地图，在各省（直隶、东北、山东、河南、江南、福建、云南、湖南、台湾等）进行测量。1717年回到北京后，他又与杜德美和费隐（Xavier Ehrenbert Fridelli，1673—1743）一起重新审定了青海、西藏以及周边邻国（朝鲜）的地图，最终集成全国总图。此后，中国所有地图无不出于这一部《皇舆全览图》。1725年，雷孝思与费隐合作测绘航海地图，他还将《易经》译成拉丁语，后来在北京去世。

下面的文献来自雷孝思翻译的《孟子·梁惠王》，资料由北京师范大学博士、亚里士多德研究专家何博超先生提供。

［原文］孟子见梁惠王。王曰："叟不远千里而来，亦将有

以利吾国乎？"

［拉丁语］Meng Tseu invisit regni Liang principem Hoei Wang. Rex ait: Venerabilis senex, cum non existimans longinqua mille li, veneris, numquid etiam haberes aliquid ad afferendum lucrum meo regno?

［英语］Mencius visited king Hui Wang from the kingdom of Liang. The king said: "Venerable Sir, since you have not deemed it far to come from a distance of a thousand miles, you might have something that could bring wealth to my kingdom?"

单词：inviso, -visere, -visi 访问，参观；regnum, -i, n. 王国；princeps, -cipis, m. 王，国王，元首；aio, ait 说；venerabilis, -e 可敬的；longinquus, -a, -um 长远的；longinqua, -orum, n., pl. 很长的路；numquid［疑问词］难道？是否？ affero, afferre, attuli, allatum 带来；lucrum, -i, n. 利益，利润，财富。

［原文］孟子对曰："王何必曰利？亦有仁义而已矣。

［拉丁语］Meng Tseu respondens ait: Rex, quid necesse est loqui de lucro? Etiam habeo humanitatem ac aequitatem, et nihil amplius.

［英语］Mencius answered and said: "King, why should one talk about wealth? I also have humanity and fairness, and nothing more.

单词：quid［疑问词］什么？怎么？为什么？ necesse est 是必需的，是需要的（加不定式）；humanitas, -atis, f. 人情，修养，慈爱；aequitas, -atis, f. 平等，公道，公平；amplus, -a, -um 宽广的；nihil amplius 没有更多的（东西）。

［原文］王曰：'何以利吾国？'大夫曰：'何以利吾家？'士庶人曰：'何以利吾身？'

［拉丁语］Si Rex dicat: Quomodo agam ut lucrum afferam meo regno? Praefecti dicent: Quomodo agemus ut lucrum afferamus nostrae familiae? Litterati et plebei homines dicent: Quomodo agemus ut lucrum afferamus nobis?

［英语］If the King says: 'How can I enrich my kingdom?', then the local leaders will say: 'How can we enrich our clan?', and the learned men and commoners will say: 'How can we enrich ourselves?'

单词：si 如果（可以要求虚拟式）；quomodo 如何？以什么方式？ago, agere, egi 进行，做，表现；praefectus, -i, m. 长官，总管，总督；familia, -ae, f. 家庭，家族；litteratus, -i, m. 有修养的人，文人（近代汉学家都称"士大夫"为 literati，来自耶稣会会士的早期翻译）；plebs, plebis, f. = plebes, -ei, f. 百姓，下层民众。

［原文］上下交征利而国危矣。

［拉丁语］Si igitur superiores et inferiores sibi invicem surripiant lucrum, tunc regnum periclitabitur.

［英语］Thus if the leaders and the subjects secretly snatch the riches of each other, then the kingdom is endangered.

单词：superior, -oris, m. 长上，上面的人；inferior, -oris, m. 部下，下面的人；invicem 互相，彼此；surripio, -ripere, -ripui, -reptum 巧取，

窃取；periclitor, -ari, -atus sum 处于危险。

［原文］万乘之国弑其君者，必千乘之家；千乘之国弑其君者，必百乘之家。万取千焉，千取百焉，不为不多矣。

［拉丁语］In decies mille quadrigarum regno, qui occidit ejus principem, certe est mille quadrigarum familiae Regulus. In mille quadrigarum regno, qui occidit ejus principem, certe est centum quadrigarum familiae Regulus. Ex decies mille assumere mille, ex mille assumere centum, non est multum.

［英语］In a kingdom of ten thousand four-horse chariots, someone who kills his ruler is certainly the petty king of a clan of one thousand four-horse chariots. In a kingdom of one thousand four-horse chariots, someone who kills his ruler is certainly the petty king of a clan of one hundred four-horse chariots. To usurp a thousand from then thousand and to usurp a hundred from one thousand, this is not much.

单词：decies［数词］十；centum［数词］百；mille［数词］千；quadrigae, -arum, f., pl. 四马车；occido, occidere, occidi, occisum 杀死；ejus = eius 他的，自己的，从 is, ea, id；certe［副］肯定，无疑；regulus, -i, m. 小王，王子；assumo, assumere, assumpsi, assumptum 夺取，占领。

［原文］苟为后义而先利，不夺不餍。

［拉丁语］Si vero semel post habeant aequitatem et ante habeant

lucrum, nisi principem spoliaverint, non satiabuntur.

［英语］However, if they would once regard fairness as less important and prefer riches, then they will not be satisfied unless they will have robbed the king.

单词：vero 然而，但是；post habeo 忽略，视为比较不重要；ante habeo 优先对待，视为更重要；nisi［连］除非；spolio, -are, -avi, -atum 夺取，掠夺；satio, -are, -avi 使满足。

［原文］未有仁而遗其亲者也，未有义而后其君者也。"

［拉丁语］Nondum exstitit vir humanus, qui dereliquerit suos parentes; nondum exstitit vir aequus, qui post habuerit suum principem.

［英语］Never has there been a benevolent man who would have forsaken his parents; never has there been a just man who would have neglected his king."

单词：nondum 尚未，从未；exsisto, -sistere, -stiti 出现，存在，有；derelinquo, -linquere, -liqui, -lictum 放弃，遗弃。

第二十四章　课文《大秦景教流行中国碑》

17世纪来华的耶稣会译者不仅仅翻译儒家的经典，他们也很关注唐朝景教的文献，其中最著名的当然是1625年在西安出土的《大秦景教流行中国碑》。葡萄牙传教士阳玛诺是一位杰出的传教士和翻译家，他将《大秦景教流行中国碑》的碑文译成拉丁语。阿塔纳修·基歇尔（Athanasius Kircher，1602—1680）在他的《中国图说》（*China Illustrata*，1667）中向欧洲读者介绍了碑文的拉丁语译文。书中每一个拉丁语单词都带有一个号码，指出拉丁语词对应的汉字，译文也尽可能保留原文的词序。[1] 我在此基础上加上了拉丁语的英语翻译，这样可以帮助读者分析拉丁语的译文。现代汉语的部分来自翁绍军校勘并注释的《汉语景教文典诠释》（生活·读书·新知三联书店，1996）。全部碑文有29行，共1900多字，本章只分析第1—15行的内容。

［原文］大秦景教流行中国碑颂并序。

［现代汉语］东罗马帝国叙利亚教会来中华的序文和颂词。

---

[1] 参见基歇尔：《中国图说》，张西平等译，郑州：大象出版社，2010，第30—100页。

〔拉丁语〕De magna Cyn (Judaea videlicet) clarissimae Legis promulgatae in Cium kue (id est, Sinarum Imperio) Monumentum.

〔英语〕The monument of the most bright Law from great Cyn (that is, Judea) which has been preached in Cium kue (that is, the Chinese Empire).

注：de（"关于，从"）也可以理解为"从……来的"；clarissimae（"最光明的""最著名的"）形容词最高级阴性属格，符合 lex, legis（"法律""规则"）。"景教"译为 clarissima Lex（"最光明的法律"），"犹太教"和《旧约》都被译成 vetus lex（"古代的宗教""古教""古经"），所以 lex 在这里不仅仅是"法律"，也含有"传统""宗教"的意思，参见下文"旧法"（指犹太教）。promulgo, -are 传播；Cium kue 等于今天的"Zhong guo"。

〔原文〕大秦寺僧景净述。

〔现代汉语〕（西安）景教教堂教士景净（碑文的作者）。

〔拉丁语〕Ta cyn (id est, Judaeae) Ecclesiae Sacerdos, Kim Cym, retulit.

〔英语〕Recorded by Kim Cym (Jing Jing), a priest of the Church of Ta Cyn (Da Qin, that is, Judea).

注：cyn 在此是小写的，与上不同。"寺"译为 Ecclesia（教堂），"僧"译为 Sacerdos，大写可表示尊敬。Kim Cym 等于"Jing Jing"。Retulit 从 refero, referre, retuli, relatum 带回来，报告，记录；retulit 他记载了。

[原文] 粤若。常然真寂，先先而无元，

[现代汉语] 曰若永恒平静，万有之先而无起源，

[拉丁语] Principium fuit semper idem, verum, quietum, primorum primum, et sine origine,

[英语] The beginning was always the same, true, quiet, the first of the first things and without origin,

注：拉丁语的译文保持词序，每一个字都有翻译（11个汉字对应11个拉丁语词）。"粤若"译为 principium fuit，可能模仿了《新约·约翰福音》的开始。"常然"译为 semper idem，指"不改变"。primorum primum（"在先前的东西中最先的"）保留原来的形式，但将"先"理解为名词（中性表示抽象的意义）。

[原文] 窅然灵虚，后后而妙有。

[现代汉语] 渺然澄明超凡，万有之后深奥无终。

[拉丁语] necessario idem, intelligens et spirituale, post-remorum postremum et excellentissimum existens,

[英语] necessarily the same, intelligent and spiritual, the last of the last things, and most excellent existing,

注：现代汉语对"窅（发音 yǎo）的解释是"渺然"，而拉丁译文是 necessario（"必然的"）。"然"译为 idem，与上文相同。"灵"译为 intelligens，而利类思（Ludovic Buglio，1606—1682）也将 intellectivum principium 译为"灵魂"。"虚"译为 spirituale，而利类思也曾将 spiratio 译为"嘘也者"（《超性学要》S.Th. 1,1,20）。

〔原文〕总玄枢而造化，妙众圣以元尊者，

〔现代汉语〕主管奥秘而创造一切，至高至圣，给予圆满和尊严，

〔拉丁语〕ordinavit caelorum polos, et fecit ex nihilo excellentissime; perfecti omnium Sanctorum, pro origine adorant, quem

〔英语〕He ordered the poles of the heavens and He made from nothing most excellently the perfect of all his Holy Ones, whom they worship on account of the origin;

注："造化"译为 fecit ex nihilo excellentissime，即强调，这符合正统的"creatio ex nihilo"的教义，但原文并没有精确地表达这一点。"众圣"译为 omnium Sanctorum，在基督教传统中指圣徒。

〔原文〕其唯 我三一妙身，无元真主阿罗诃欤！

〔现代汉语〕他是我们三位一体中的第一位，是无始无终的神！

〔拉丁语〕ille solus personarum trium unica perfectissima substantia non habens principium, veritas Dominus Holooy

〔英语〕He alone is a unity of three persons, the one most perfect substance, not having any beginning, the truth, God Holooy.

注：景教的"三一"是"妙身、应身、证身"。"我"译为 personarum，"妙身"译为 perfectissima substantia，而 substantia 是哲学中的重要概念。"元"译为 principium，而"真"译为名词

veritas / truth（真理），没有与"主"联接，伊斯兰教多用"真主"一词。"阿罗诃"拼写为 Holooy，即希伯来语的 Elohay, Elohim，叙利亚语的 Aloho 和 Alaha，请参见阿拉伯语的 Allah（安拉）。

［原文］判十字以定四方，
［现代汉语］他划定十字标志来规定四个方向，
［拉丁语］Statuit Crucem per pacificare quatuor partes Mundi,
［英语］He established the Cross for pacifying the four parts of the world.

注："十字"为几何学的座标中心点。"定"译为 pacificare（"带给和平""使平安"）。

［原文］鼓元风而生二气，
［现代汉语］鼓动圣灵并产生阴阳二气，
［拉丁语］commovit originis spiritum et produxit duas mutationum causas (Sinice dicuntur ym et yam, hoc est, materia et forma)
［英语］He moved the spirit of origin and brought forth the two causes of changes (the Chinese call these ym and yam, that is material and form).

注："鼓"译为 commovit（"他鼓动"），"元风"译为 spiritus originis（"开端的精神"），"元气"被解释为"质料因和形式因"。

〔原文〕暗空易而天地开，

〔现代汉语〕他使黑暗移动，天地分开；

〔拉丁语〕obscurum vacuum mutavit, et caelum, terram aperuit,

〔英语〕He changed the dark abyss, and the sky and earth He revealed,

注：关于"开"，请参见《旧约·创世记》（Gen 1）中几次出现的希伯来语词jabdel"他区分""他分开"（希腊语diechorisen，拉丁语divisit）。

〔原文〕日月运而昼夜作。

〔现代汉语〕日月运行而昼夜运作。

〔拉丁语〕Solem, Lunam circum volvit et diem, noctem fecit.

〔英语〕The sun and moon revolved, and He made day and night.

注："昼夜作"的拉丁译文是"他创作了白天和黑夜"，而现代汉语翻译将"作"理解为不及物动词（即"运行""转动"）。

〔原文〕匠成万物，然立初人。

〔现代汉语〕他创造万物，此后创造出第一个人。

〔拉丁语〕Artifex operatus universas res idem erigere voluit hominem,

〔英语〕Like a craftsman He worked all things, and He wanted to raise up a human being.

注："匠成"中的"匠"在拉丁语中被译为名词artifex（"工

匠""技术人员""艺术家")。

［原文］别赐良和，令镇化海。

［现代汉语］他另外赐给人灵和，命令其镇守造化的众生之海。

［拉丁语］ornato donavit amabilissimam pacifice unionis subordinationem (id est, justitiam originalem) praecipiebat quietem fluctibus maris,

［英语］Elegantly He gave most loving subordination of a peaceful union (that is, the original justice). He ordered quiet to the waves of the sea;

注："良和"译为 amabilissima subordinatio pacifice unionis（"和平的合一包含，充满爱的顺从"），又将它解释为 justitiam originalem（"原本的正义"，即"乐园中的美好状态"）。在教父文献中，"海"多指不稳定或危险因素，参见奥古斯丁的《忏悔录》第 11 卷。

［原文］浑元之性，虚而不盈。

［现代汉语］原始本性是虚心而不自满。

［拉丁语］integra originis natura vacua humilisque et non plena superbaque,

［英语］the whole nature of the origin was empty and very humble, and not full and proud,

注："浑"译为 integra（从 tangere，即"未接触的""未伤害

的""完好的"),指堕落之前的人性。

[原文]素荡之心,本无希嗜。

[现代汉语]纯朴洁净的心本来没有过分的欲望和嗜好。

[拉丁语] sequi appetitum fluctuationem corde, de se, neque levissime desiderabat,

[英语] neither did he even lightly desire to follow the fluctu-ation of appetites by the heart, from himself,

注:"素"译为 sequi("顺从""跟随"),"荡"译为 appetitum fluctuationem("渴望潮流"),但汉语翻译将"素荡"理解为"纯朴洁争"。"希"译为 levissime("非常轻微"),可能理解"希"为"稀"。

[原文]洎乎娑殚施妄,钿饰纯精。

[现代汉语]到撒旦(魔鬼)使用诡计,掩饰纯洁和精诚。

[拉丁语] promanavit a Satan (id est, Diabolo) extenus dolus, clam ornavit naturam puram et simplicem

[英语] there came forth from Satan (that is, the Devil) an extensive trick, secretly he ornamented the nature pure and simple

注:"洎"译为 promanavit("流出"),比英语的 came forth 更接近原文的部首(水)。阳玛诺在《圣经直解》中也使用"娑殚"两个字来翻译拉丁语的 Satanas("魔鬼"),可能他参照了此碑文。拉丁译文将"施"理解为形容词,汉语译文为动词。

〔原文〕闲平大于此是之中，隟冥同于彼非之内。

〔现代汉语〕他让罪恶开始进入人的身心，扰乱其平静。

〔拉丁语〕Otiosa pace magnificam in illius permanentiae medio odium occultavit simul per laudem malitiae ad intra,

〔英语〕By a leisured peace and in his permanence he hid his hate inside, and at the same time through magnificent praise of malice within,

注："闲"译为 otiosa（"轻松的""休闲的"），而现代汉语理解为"有距离""离开"。"非"被理解为"罪过"或 malitia（"恶"）。

〔原文〕是以三百六十五种，肩随结辙。

〔现代汉语〕所以三百六十五种宗派同时出现。

〔拉丁语〕istud causavit ter centum sexies decem quinque sectas, humeri hominum sequebantur ordinem vestigiorum

〔英语〕so that he caused three hundred six times ten five sects, mens shoulders followed the order of remains;

注："种"译为 sectae（"教派""宗派"），"三百六十五"是象征性的数字，指"很多"。

〔原文〕竞织法罗：或指物以托宗，或空有以沦二，

〔现代汉语〕他们编织各种宗派的罗网：或崇拜具体事物，或以"空""有"陷入二元论，

〔拉丁语〕contendentes texere regularum retia, aliqui monstrabant res creatas pro credendo principio, aliqui vacuum habebant pro origine duarum causarum,

〔英语〕trying to weave nets of rules, some showed created things to be the principle of belief, others held the abyss to be the origin of the two causes,

注：拉丁译文将"有"译为 habebant（"他们曾认为是"），没有把它理解为与"空"相对的概念。参见中国佛教和道教中的宇宙生成论。

〔原文〕或祷祀以邀福，或伐善以矫人。

〔现代汉语〕或以祈祷和祭祀求幸福，或夸耀自己的优点以欺骗他人。

〔拉丁语〕aliqui praestabant sacrificium ad accersendam fortunam, aliqui conquirebant falsa bona ut deciperent homines,

〔英语〕others offered a sacrifice to acquire good luck, others sought false goods to deceive men;

注："伐"译为 conquirebant（"搜索"）和"夸耀（自己）"。

〔原文〕智虑营营，思情役役。

〔现代汉语〕营营役役，思虑愁烦。

〔拉丁语〕prudentiae cogitationum inventiones dolosae, amoris passione, gaudentes laborant sic.

［英语］These are sorrowful inventi of the thoughts of prudence, love's passion, and they work so while r cing.

［原文］茫然无得，煎迫转烧，积昧亡途，久迷𠃍复。

［现代汉语］他们一无所得，紧张得冒火，黑暗重重，分不清道路，久久迷惑不回头。

［拉丁语］Absque eo, quod possent consequi, torrebantur arctissime revolutique cremabantur, aggregantes tenebras sine via, a multo tempore deperdentes excellentem beatitudinem;

［英语］Without anything they could follow, they were heated, they turned around in utmost restriction, they were burned, gathering darkness without a road, and losing the excellent happiness since a long time.

［原文］于是 我三一分身，景尊弥施诃，

［现代汉语］因此，我们三位一体的第二位，尊敬的弥赛亚，

［拉丁语］in hoc tempore personarum trium una communicavit seipsam clarissimo venerabilissimoque Mi Xio

［英语］In this time, one of the three persons communicated himself in the brightest and most venerable Mi Xio (Messiah)

注：“弥施诃”是 Messiah（弥赛亚）。

［原文］戢隐真威，同人出代。

[现代汉语]……代真正的威严并如凡人一样出世。

[拉丁语]……riendo abscondendoque veram majestatem, simul homo prodiit in ……ulum.

[英语] By working and hiding true majesty, at the same time a human being brought forth into the age.

[原文] 神天宣庆，室女诞圣于大秦。

[现代汉语] 天使宣报喜讯，宣告圣女诞生于大秦。

[拉丁语] Spiritus de coelis significat laetitiam, Virgo femina peperit Sanctum in Tacyn (hoc est, Judaea).

[英语] An angel from Heaven signified joy, a virgin woman bore a saint in Ta Cyn (Da Qin, that is, Judea).

[原文] 景宿告祥，波斯睹耀以来贡。

[现代汉语] 天上的星星宣告喜事，波斯三位博士目睹星星的光耀并来进献礼物。

[拉丁语] Clarissima constellatio annuntiavit felicitatem, Po su (Reges ex illa terra Orientali) viderunt claritatem et venerunt offerre munera subjectionis.

[英语] A bright constellation announced happiness, the Po su (Persians, Kings from that Eastern land) saw brightness and came to offer gifts of subjection.

注：参见《马太福音》关于"三个博士（magi）"的记载："有

第二十四章 课文《大秦景教流行中国碑》

贤士从东方来到耶路撒冷，说：'才诞生的犹太人君王在哪里？我们在东方见到了他的星，特来朝拜他。'"（《新约·马太福音》（Mt 2:1—12）

［原文］圆廿四圣有说之旧法，理家国于大猷。

［现代汉语］这应验《旧约》中二十四位先知和圣人的预言，将家族和国度置于大道之下。

［拉丁语］Completa bis decem quatuor sanctarum est prophetiarum antiqua Lex; gubernavit familias, regna (id est, omnes) cum magna doctrina.

［英语］This was the completion of the ancient Law of the twentyfour holy prophecies; it ruled families, kingdoms (that is, all) with great doctrine.

［原文］设三一净风无言之新教，陶良用于正信。

［现代汉语］他立三位一体的圣灵（圣神），重新教导无口才的人，造就善功为正统的信仰。

［拉丁语］Locutus trinae unitatis puram, spiritualem sine verborum strepitu, novam Legem; perfecit bonos mores cum directa fide.

［英语］He announced the new Law of the three-fold unity, pure, spiritual, without the noise of words. He perfected good customs with direct faith.

[原文] 制八境之度，炼尘成真。

[现代汉语] 规定真福八端的原则，将世俗的事物转化为圣洁的。

[拉丁语] Ordinavit octo finium et beatitudinum loca et gradus. Locum igneum purgandi pulveris, perficiendae integritati.

[英语] He ordered the places and degrees of the eight ends and beatitudes. A fiery place of purging dust for perfecting integrity.

[原文] 启三常之门，开生灭死。

[现代汉语] 启示信、望、爱三超德之门，开拓生命，灭止死亡。

[拉丁语] Aperuit trium virtutum scholam; reseravit vitam, extinxit mortem.

[英语] He revealed the school of three virtues. He unlocked life, he extinguished death.

[原文] 悬景日以破暗府，魔妄于是乎悉摧。

[现代汉语] 他使光耀的太阳升起以消除阴暗的地府，魔鬼的伎俩全部被摧毁。

[拉丁语] Appensus claro die ut destruerent inferni tenebrosi civitates et regionem, diaboli dolos cum hoc totaliter destruxit.

[英语] Hung by bright day to destroy the cities and region and darkness of Hell, in this way he totally destroyed the devil's tricks.

注："悬景日"的翻译（appensus claro die）是被动的，这使信徒联想到耶稣"白天被悬挂"在十字架上。

［原文］棹慈航以登明宫，含灵于是乎既济。
［现代汉语］他划慈悲的渡船来登上光明的天宫，生灵（人类）就得到拯救。
［拉丁语］Directo pietatis navigio, ut subirent illustrissimas mansiones, animabus spiritualibus in illo tempore cum jam succurrisset
［英语］Directing the ship of piety to approach the illustrious mansions for spiritual souls, in that time when already he came to support;
注：棹，发音 zhào。

［原文］能事斯毕，亭午升真。
［现代汉语］他的重大使命于此完成了，正午的时候他升达上天，成为真人。
［拉丁语］potentiae negotia hic consummasset; seipso elevatus medio die ascendit in caelum;
［英语］He thus finished the works of power; having raised himself at midday he ascended into Heaven;

［原文］经留廿七部，张元化以发灵关。
［现代汉语］他留下《新约》二十七部书，阐明神圣的德化以宣发正道的要枢。

[拉丁语] Scripturarum remanserunt bis decem septem tomi; aperta est originalis conversio, ut possent homines rationales ingredi,

[英语] Of Scriptures there remained twenty-seven volumes, they opened original conversion so that rational people can enter,

[原文] 法浴水风，涤浮华而洁虚白。
[现代汉语] 他施以洗礼，涤除浮华而使人谦虚纯洁。
[拉丁语] Lex lavacri aquae spiritus abluendo superficiem exornat, et purificando, spiritum interius dealbat;

[英语] the Law of bath of water of the spirit adorns the surface by cleansing, and by purifying it whitens the spirit within,

[原文] 印持十字，融四焰以合无拘。
[现代汉语] 信徒都奉十字圣架为表，能和睦容纳四方的人，无差别地接受他们。
[拉丁语] signaculo 十 Crucis dispersi in quatuor partes Mundi, ad congregandos et pacificandos sine labore

[英语] by the sign "+" of the Cross, they were dispersed into the four parts of the world for congregating and pacifying without labor,

[原文] 击木震仁惠之音，东礼趣生荣之路。
[现代汉语] 敲木板响声召集会众作夜祷，朝东祈祷求光荣人生的道路。

［拉丁语］pulsant ligna timoris, pietatis, gratitudinisque voces personando, orientem sacrificando, respiciunt vitae gloriosae iter,

［英语］they strike the wood of fear, of piety, of gratitude by sounding their voices, when they worship they turn to the East, and they observe the way of a glorious life,

［原文］存须所以有外行，削顶所以无内情。

［现代汉语］留胡须以彰显外在的品行，剃去头发以表示内心没有私欲。

［拉丁语］nutriunt barbas, quia habent extra conversaricum aliis, circumradunt summitatem verticis capitis, quia carent ad intra affectibus passionum.

［英语］they take care of beards, because they have outside conversation with others; they shave the top of their heads, because they lack the affections of passions within.

［原文］不蓄藏获，均贵贱于人。

［现代汉语］不豢养奴婢，待人无贵贱之分。

［拉丁语］Non fovent satellitia servorum, aequales nobilibus ignobilibus cum hominibus;

［英语］They do not keep a retinue of slaves, they are equal with noble and ignoble men;

［原文］不聚货财，示罄遗于我。

［现代汉语］不屯积财物，但展示施舍的经典。

［拉丁语］non coacervant divitias, etiam pauperibus erogant, cum nobis;

［英语］they do not heap up riches, even with poor they pay out, with us;

［原文］斋以伏识而成，戒以静慎为固。

［现代汉语］守斋的目的是制伏胡思乱想，诫命以宁静谨慎坚定人心。

［拉丁语］jejunant, ut subjiciant intellectui scientiam, et perficiant; vel ut quietent timoris passiones propter fortitudinem;

［英语］they fast to subjugate knowledge to the intellect, and they accomplish it; so that they may quiet fear's torments because of strength.

［原文］七时礼赞，大庇存亡。

［现代汉语］每天祈祷七次，纪念生者和死者。

［拉丁语］septem vicibus offerunt laudis orationes magno adjutorio vivorum et mortuorum,

［英语］seven times they offer orations of praise with great benefit for the living and for the dead.

［原文］七日一荐，洗心反素，

［现代汉语］七日一次祭，这样净化心灵，恢复纯真的本性。

［拉丁语］septem dierum primo sacrificant, purificant corda, aversiones peccatorum absolvendo;

［英语］They sacrifice once every seven days to purify hearts and the unpleasant things of sins by absolving;

［原文］真常之道，妙而难名。功用昭彰，强称景教。

［现代汉语］真实、不变的真理是玄奥的，难以形容。其贡献显著，勉强称它为"景教"。

［拉丁语］vera virtutum Lex excellit et difficillime nominare potest; operibus actionibusque illuminat tenebras umbrasque, cogimur vocare illam claram Legem;

［英语］the true Law of virtues excels, and it can be named only with greatest difficulty; by works and actions it illuminates the shadows and shades, and we must call it the Bright Law;

［原文］惟道非圣不弘，圣非道不大。道圣符契，天下文明。

［现代汉语］道不圣不能彰显，圣无道不能弘扬。圣道相互契合，天下才会处于文明的状态。

［拉丁语］sola Lex sine Imperatoribus non magnificatur, Imperatores sine Legem non ingrandescunt; Legem Imperatores edictis dilatando Mundum exornant claritate;

［英语］the Law without Emperors is not magnified; and Emperors without the Law will not become great. The Emperors spread the Law by edicts, they adorn the world by brightness.

［原文］太宗文皇帝，光华启运，明圣临人。

［现代汉语］唐太宗李世民（谥号"文"）以其伟大智慧，光明正大治理人民。

［拉丁语］Tay Cun-uen Imperatoris clarissimi Sinarum Regni, temporibus ad illustrissimum sapientissimum Imperatorem venit homo

［英语］Tay Cun-uen (Tai Zongwen, Li Shimin), the Emperor of the most bright Chinese Empire, and at some time there came to the illustrious wisest Emperor a man

［原文］大秦国有上德曰阿罗本，占青云而载真经，望风律以驰艰险。

［现代汉语］东罗马帝国有一位主教，名为亚伯拉罕，他凭借青云带来《圣经》，观察风的旋律驰行于艰难的道路。

［拉丁语］de Tacyn［Da Qin］(id est, Judaeae) regno, habens supremam virtutem, nuncupatus Lo-puen, directus a caeruleis nubibus et deferens verae doctrinae scripturas, contemplando ventorum regulam ad decurrenda laborum pericula;

［英语］from Tacyn kingdom (Da Qin, that is, Judea), having greatest virtue, called Lo-puen (Aloben) by the blue clouds and bearing the scriptures of the true doctrine, by contemplating the direction of the winds, running through many dangers and toils.

［原文］贞观九祀，至于长安。

［现代汉语］贞观九年（635），他来到长安。

［拉丁语］Chen quon Kien su (est nomen Sinici anni cadentis in Christi annum 635) pervenit in aulam.

［英语］In the year "Chen quon Kien su" (the Chinese name for the year falling on 635 AD) he reached the royal hall.

［原文］帝使宰臣房公玄龄总仗西郊，宾迎入内。

［现代汉语］皇帝使宰相房玄龄以兵卫护西郊，欢迎他进城。

［拉丁语］Imperator praecepit Colao Vavallo, Fan cum yuenlim (est nomen Colai) mittere regios scipiones (isti sunt rubri, et cum Imperator aliquid mandat, semper deferuntur) ad Occidentis suburbana hospiti obviam recipiendo, ingredientem intra palatium,

［英语］The Emperor ordered the Calao (Gelao), his vassal Fam cum yuen lim (the name of a Calao) to send the royal sticks (these are red and are always carried along when the Emperor orders something) to the suburb of the West, to a guest who was to be received, entering there.

［原文］翻经书殿，问道禁闱。深知正真特令传授。

［现代汉语］他皇宫内翻译经典，出入于皇帝的内室；他明

白正统的教理，皇帝命令他传授与民。

［拉丁语］fecit transferri doctrinae Legis libros, in palatio inquisivit de Lege diligentissime, in penetralibus profundissime doctrinae, rectaeque veritatis, de proposito, mandavit illam promulgari dilatarique.

［英语］He caused the books of the teaching of the Law to be transferred into the palace; he asked about the Law most diligently, most profoundly in the inner parts of the doctrine, and the straight truth about the proposed; he ordered it to be promulgated and to be spread.

［原文］贞观十有二年秋七月诏曰：道无常名，圣无常体，随方设教，密济群生。

［现代汉语］贞观十二年（638）秋七月，皇帝颁发告示：道没有固定的名称，圣人没有固定的居所，因地设教，广济众生。

［拉丁语］Chen quon (anni sic dicti) decimus erat secundus annus (hoc est, Christi 638) Autumni septima Luna edictum Regis politum inquit Lex non habet ordinarium nomen, sancti non habent semper eundem locum, decurrunt Mundum proponendo Legem, creberrime succurrentes multitudini populorum.

［英语］Chen quon (the name of this year) the tenth and second year (that is, 638 AD), of the autumn the seventh moon, the edict of the king issued said this: The Law has no ordinary name, holy ones have not always the same place, they run around the world teaching the Law, frequently helping a multitude of people.

［原文］大秦国大德阿罗本，远将经像，来献上京。

［现代汉语］东罗马帝国的主教阿罗本从远处带来圣经和圣像，将它们献至唐都长安。

［拉丁语］Tacyn (Judaeae) Regni magnae virtutis, Lo puen de longe portans Legis scripturas imaginesque, venit illas offerre in supremam Regiam,

［英语］Ta Cyn (Judea) is a kingdom of great virtue, Lo puen (Aloben) came from afar to offer to the farthest court, carrying the Law's scriptures and images.

注：原文的"大德"可以理解为"主教"，但拉丁译文以之修饰"大秦"。

［原文］详其教旨，玄妙无为。观其元宗，生成立要。

［现代汉语］详细解释其教义，则是深奥和"无为"的道理。观其本来的宗旨，则具备重要因素。

［拉丁语］Inquirendo sigillatim illius Legis intentum reconditum, excellens sine superficie; videmus suae originis radicalis principium, a mortalium creatione statutam necessitatem,

［英语］By inquiring in turn of that Law's hidden intent, excellent without superficiality; we see the radical principle of its origin, set up by necessity since the creation of mortals,

〔原文〕词无繁说，理有忘筌。济物利人，宜行天下。

〔现代汉语〕其言说不繁琐，其目的在于求教理。它对事对人都有益处，适合广泛倡导。

〔拉丁语〕verborum sine superfluitate doctrinam, rationem habentem oblivionis sustentaculum proficuam, rebus utilissimam hominibus, extendente opera in Mundo,

〔英语〕the doctrine is without the superfluity of words, it has reason as a beneficial remedy of forgetfulness; by things very useful to men, extending their works in the world,

〔原文〕所司即于京义宁坊造大秦寺一所，度僧廿一人。

〔现代汉语〕有关部门在长安的"义宁坊"街建立一所教堂，安置教士，共二十一人。

〔拉丁语〕ideo praecipio Magistratibus, ut in Regia, ynym fam〔Yining fang〕aedificant Tacyn (Judaeae) Regni Ecclesiae unum locum, ponant Sacerdotes bis decem et unum homines.

〔英语〕so I order the magistrates, just as in the royal court ynym fam (Yining fang), so that they build the church of the kingdom of Tacyn (Judea) in one place, and they may place priests, twice ten and one men.

〔原文〕宗周德丧，青驾西升。巨唐道光，景风东扇。

〔现代汉语〕周王朝的德风已不在，老子乘着青牛去往西方。伟大唐朝道行的光彩使景教的道风吹向东方。

〔拉丁语〕Cun cheu〔Zong zhou〕(est cuiusdam antiqui vir nomen) virtute extincta, in nigro curru ad Occidentem recessit, verum Regiae familiae Tam〔Tang〕doctrinae claritas clarissimo spiritu Orientem perflavit,

〔英语〕Cun cheu (Zong Zhou, the name of a certain ancient man) with virtue extinct, left to the West in a black chariot. Truly, the brightness of the doctrine of the royal family Tam (Tang) blew across the Orient by brightest spirit.

〔原文〕旋令有司将帝写真转模寺壁。

〔现代汉语〕他随即下令将皇帝的肖像摹画在教堂壁上。

〔拉丁语〕vulgata cdicta sunt a Magistratibus, reposuerunt Imperatorum pictas vera effigies, in templi parietibus

〔英语〕The edicts were made known by magistrates, they pla-ced the painted portraits of the Emperors in the walls of the temple.

〔原文〕天姿泛彩，莫朗景门。圣迹腾祥，永辉法界。

〔现代汉语〕天姿生彩，满室生辉。圣光带着祥和的气象，永照殿宇。

〔拉丁语〕Imperatorum figurae exuperantes, quinque coloribus cumulata luce illustrabant portas. Sanctis exemplis advenit felicitas, aeternum splendentis Legis terminus,

〔英语〕The portraits of the Emperors surpassed the five colors, by accumulated light they illustrated the gates. By sacred examples (or the examples of the Saints) came happiness, and the eternal end of the splendid Law.

［原文］按《西域图记》及汉魏史策，大秦国南统珊瑚之海，

［现代汉语］根据裴矩的《西域图记》及汉魏的史书，大秦国在南边连接红海，

［拉丁语］examinando Occidentis terrarum descriptionum monumenta, et Han guey familiarum Regiarum Historiographos, Tacyn Regnum ab Austro unitur coralli rubri maribus (id est Rubro Mari)

［英语］By examining the descriptions of the lands of the West, the monuments of the Han and Wei, the historians of the royal families, the kingdom Tacyn is joined at the South to the seas of the red coral (that is, the Red Sea),

［原文］北极众宝之山，西望仙境花林，东接长风弱水。

［现代汉语］北极宝藏之山，西望美景仙境，东接遥远之水。

［拉丁语］a Septentrionali polo omnium pretiosorum lapidum montibus; ab Occidente immortalium hominum loco floridissimarum arborum, ab Oriente unitur loco Cham fum mortuaeque aquae.

［英语］at the Northern side to the mountains of the precious stones, from the West by the place of immortal men and flowering trees, at the East it is united to the place Chum fum and to dead water;

［原文］其土出火烷布，返魂香、明月珠、夜光壁。

［现代汉语］其土地生产石绵布，返魂香、宝石和夜光壁。

［拉丁语］Ex illius terra prodit igne lavanda tela, balsamum odoriferum, lucidae Lunae gemmae, noctu lucentes lapides pretiosi;

［英语］That land produces by fire weapons to be washed, fragrant balsam, clear Moon gems, precious stones that shine by night,

［原文］俗无寇盗，人有乐康。法非景不行，主非德不立。

［现代汉语］民间没有强盗，人们安康欢乐；法规如果没有光明则无法推广，君主如果不贤明也不能坚立。

［拉丁语］consuetudinem non habent ratiocinandi, populi habent laetitiam pacificam, legem praeterquam charitatis nullam aliam sequuntur; Reges sine virtutibus non constituunt;

［英语］they don't have the custom of thinking, and people have the pacific joy; they follow no other law except charity; kings without virtue cannot stand.

［原文］土宇广阔，文物昌明。

［现代汉语］地域广阔，文风昌明。

［拉丁语］Terrae mundus largus amplus, moribus florent illustrissimis;

［英语］The world of this earth is large and ample, very illustrious customs flourish.

[原文] 高宗大帝克恭缵祖,润色真宗。

[现代汉语] 唐高宗李治能尽恭敬继承祖光,增色真道。

[拉丁语] Cao cun [Gao Zong] magnus Imperator scivit reverenter imitari majores suos, expressit factis suum parentem;

[英语] Cao cun, the great Emperor knew to reverently imitate his ancestors, he decorated his parent through deeds;

[原文] 而于诸州各置景寺,仍崇阿罗本为镇国大法主。

[现代汉语] 并且他在各行政区建立教堂,颁给阿罗本"镇国大法主"的尊号。

[拉丁语] et in omnibus Regnis ubilibet ordinavit fieri clarae Doctrinae Ecclesias; et sicut antea venerabatur Olo puen, sic fecit illum custodem Regni magnae Legis dominum;

[英语] and everywhere in all kingdoms he ordered to set up churches of the Bright Doctrine, and just as previously Olo puen (Aluoben) was venerated, so he made him custodiam of the kingdom of the great lord of the Law.

[原文] 法流十道,国富无休。寺满百城,家殷景福。

[现代汉语] 教义流传于民间,国度安乐,在各城有很多教堂,家家洋溢着景教的福氛。

[拉丁语] Lex dilatata per decem tao, (id est, per omnia Regna)

felicitatis radice cumulatissima; ecclesiae implebant centum civitates (id est, omnes), familiae Regiae fulgebant felicitate.

［英语］The Law spread abroad through ten tao (that is, through every Kingdom), and joy from the abundant root came about. Churches filled a hundred states (that is, all); and the members of the royal family gleamed with happiness.

［原文］圣历年，释子用壮，腾口于东周。

［现代汉语］武则天圣历年间（699），佛教徒得势而处于极盛，佛教言语在东边盛行。

［拉丁语］Xim lie anno Bonzii usi viribus erexerunt ora (id est, Legem vituperaverunt) in Tum Cheu (est Civitas in Honan Provincia),

［英语］In the Xim lie (Shengli) year the Bonzes used strenght and raised up their faces (that is, they blasphemed the Law) in Tum Cheu (Dongzhou, a city of Honan Province).

［原文］先天末，下士大笑，讪谤于西镐，

［现代汉语］先天末年间（713），一些卑鄙之徒在长安嘲笑诽谤。

［拉丁语］Sien tien (anno Christi 713) siniente. Vulgares viri valde etiam illam irriserunt, calumniatique sunt in Sy Kao (antiqua est Regis Ueu uam aula in Xen sy Provincia).

［英语］This ended in Sien Tien (713 AD). Vulgar men even

laughed at it and lied about it in Sy Kao (Xihao, an old court of Uen uam in Shaanxi Province).

［原文］有若僧首罗含，大德及烈，并金方贵绪，物外高僧，共振玄纲，具维绝纽。

［现代汉语］景教主持罗含、主教及烈，他们与西方人的后代联合一些非凡的高僧，一起强化信仰继续维持欲断的天道。

［拉丁语］Erat Gio (Joannis est Sinico more vocabulum) Sacerdos. Caput Lohan magnae virtutis Kielie, et Kim terrarum nobiles discipuli, rebus exterioribus superior ille Sacerdos una cum aliis, pietatis coelestis retia et fila dirupta resarcivit.

［英语］There was Gio (as the Chinese pronounce "John"), a priest, and the head Lohan, and of great virtue, Kielie, and Kim. Together with noble disciples from all lands, and through external things, this superior priest and the others renewed the nets and broken threads of heavenly piety.

［原文］玄宗至道皇帝令宁国等五王亲临福宇，建立坛场。

［现代汉语］唐玄宗李隆基（谥号"至道"）曾命令其长兄宁国王等玄宗五兄弟亲临景教寺，建立神坛。

［拉丁语］Iuen cun-chi-Tao Imperator mandavit Nym Regni aliorumque quinque Reges personaliter descendere ad felicitatis mansionem (id est in Ecclesiam) erigere altaria, aulasque

[英语] Iuen cun-chi, the Tao Emperor (Xuanzong Zhidao) ordered the King of the kingdom of Nym (Ning) and five other Kings to personally descend to the mansion of happiness (that is, the church), to set up altars and halls

[原文] 法栋暂桡而更崇，道石时倾而复正。

[现代汉语] 重修道法支柱而更显崇高，重竖道法基石而恢复正统。

[拉丁语] Legis, trabes columnasque concisas solidavit, et magis radicavit, Legis petra tunc inclinata etiam iterum rectificata fuit.

[英语] of the Law, he cut beams and columns, made them more solid and rooted them, and the rock of the Law that was inclined was straightened again.

[原文] 天宝初，令大将军高力士送五圣写真寺内安置。

[现代汉语] 天宝初年，玄宗命令大将军高力士护送五代皇帝（即高祖、太宗、高宗、中宗、睿宗）的肖像安置于景教寺内。

[拉丁语] Tian pao (anno Christi 747) anno inchoato mandavit magnum Generalem Kao lie su (Eunuchus fuit) deferre quinque Imperatorum effigies veras, Ecclesias intra reponendas,

[英语] At the beginning of the year Tian pao (AD 747) he ordered the great general Kao lie su (Gao Lishi, a eunuch) to carry away the pictures of the five Emperors, to be placed inside the churches.

［原文］赐绢百匹，奉庆睿图。

［现代汉语］皇上赐与了几百匹绢，以助庆贺皇帝肖像的安置。

［拉丁语］Dedit serici centum telas offerendas festi laetitiae augendae gratia.

［英语］He gave a hundred webs of silk as offering for a feast and for greater joy.

附录一

语法术语表

1. 名词

	1 变格 A 变格	2 变格 O 变格			3 变格 复数属格 –um		
	玫瑰花	主人	田地	礼物	国王	赞美	时间
单数	阴性	阳性	阳性	中性	阳性	阴性	中性
主格	rosa	dominus	ager	donum	rex	laus	tempus
属格	rosae	domini	agri	donni	regis	laudis	temporis
与格	rosae	domino	agro	dono	regi	laudi	tempori
宾格	rosam	dominum	agrum	donum	regem	laudem	tempus
夺格	rosa	domino	agro	dono	rege	laude	tempore
复数							
主格	rosae	domini	agri	dona	reges	laudes	tempora
属格	rosarum	dominorum	agrorum	donorum	regum	laudum	temporum
与格	rosis	dominis	agris	donis	regibus	laudibus	temporibus
宾格	rosas	dominos	agros	dona	reges	laudes	tempora
夺格	rosis	dominis	agris	donis	regibus	laudibus	temporibus

续表

	3 变格 复数属格 -ium			3 变格 单数夺格 -i		4 变格 U 变格		5 变格 E 变格
	公民	夜晚	心	塔楼	海洋	水果	角	事物
单数	阳性	阴性	中性	阴性	中性	阳性	中性	阴性
主格	civis	nox	cor	turris	mare	fructus	cornu	res
属格	civis	noctis	cordis	turris	maris	fructus	cornus	rei
与格	civi	nocti	cordi	turri	mari	fructui	cornu	rei
宾格	civem	noctem	cor	turrim	mare	fructum	cornu	rem
夺格	cive	nocte	corde	turri	mari	fructu	cornu	re
复数								
主格	cives	noctes	corda	turres	maria	fructus	cornua	res
属格	civium	noctium	cordium	turrium	marium	fructuum	cornuum	rerum
与格	civibus	noctibus	cordibus	turribus	maribus	fructibus	cornibus	rebus
宾格	cives	noctes	corda	turres	maria	fructus	cornua	res
夺格	civibus	noctibus	cordibus	turribus	maribus	fructibus	cornibus	rebus

表 1：名词变格表

注意：少数单词有两性。civis（公民）可以为阴性，但指男人时，则是阳性。如果要认清和记住任何名词的变格类型，必须记住单数主格和属格形式：rex, regis。

下列规律对所有的变格类型有效：

呼格（vocativus casus）和主格一样。例外：属第 2 变格的阳性名词（后缀 -us）的单数呼格后缀是 -e，比如说主格 dominus，呼格 domine。例外：meus filius 我儿子，mi fili! 我儿子!

中性名词的主格、呼格和宾格形式一样，无论是单数或复数，复数后缀总是 -a 或 -ia。

民族名、河名、海名和风名总属阳性（很少有例外），比如 Nilus, -i, m. 尼罗河。

植物名、国名、岛名和城名总属阴性（很少有例外），比如 Roma, -ae, f. 罗马（城）。

1.1　1 变格（A 变格）

规律：1 变格的名词属阴性，以 -a 结尾。（参见女名 Lucia, Maria, Paula 等）

例外：agricola, -ae, m. 农夫、poeta, -ae, m. 诗人、nauta, -ae, m. 航海者、propheta, -ae, m. 先知、advena, -ae, m. 居民、Persa, -ae, m. 波斯人等名词属阳性，若指女性则属阴性。

部分名词仅有复数形式：divitiae, -arum, f. 财富、insidiae, -arum, f. 陷阱。

几个单词单数和复数的意思不同：copia, -ae 储蓄；copiae, -arum 军队。fortuna, -ae 命运；fortunae, -arum 财富，钱财。littera, -ae 字母，字；litterae, -arum 文献，书信，知识。

1.2　2 变格（O 变格）

规律：2 变格名词属阳、中性；阳性有 **-us** 或 **-er** 词尾，中性名词以 **-um** 结尾。

例外：属阴性的 humus, -i, f. 土地；属中性的 vulgus, -i, n. 群众。

只有复数形式的单词：castra, -orum 军营、arma, -orum 武器。

几个单词单数和复数的意思不同：auxilium, -ii 协助、auxilia, -orum 援军；vinculum, -i 枷锁、vincula, -orum 监狱。

有的名词有多种形式，比如 deus 神（大写 Deus 指基督宗教的神）：单数 deus, dei, deo, deum, deo, 复数 dei/dii/di, deorum/deum, deis/diis/dis, deos, deis/diis/dis。

1.3　3 变格

属 3 变格名词的性不明显，最好记住每一个单词的性。下列的规律都有一些例外。属 3 变格名词可以分为（1.3.1）复数属格 -um 名词、(1.3.2) 单数夺格 -i 和复数属格 -ium 名词、(1.3.3) 单数夺格 -e 和复数属格 -ium 名词。

1.3.1 复数属格 -um 名词

这些 3 变格名词单数夺格 -e、复数属格 -um，阳、阴性单数宾格 -em。这些名词单数属格比单数主格多一个音节，见 rex, regis（例外：pater, patris，见下）。

规律：下列结尾的名词属阳性
-or, -oris 例如 labor, laboris, m. 劳苦
-os, -oris 例如 mos, moris, m. 习惯，道德
-er, -eris 例如 agger, aggeris, m. 堆，土丘，坝
-es, -itis 例如 miles, militis, m. 士兵，步兵
-l, -lis　例如 sol, solis, m. 太阳

例外：
aequor, aequoris, n. 海面（中性）
arbor, arboris, f. 树木（阴性）
os, oris, n. 嘴，口（中性）
ver, veris, n. 春天（中性）
iter, itineris, n. 道路（中性）

规律：下列结尾的名词属阴性
-o, -onis 例如 regio, regionis, f. 地区
-o, -inis 例如 origo, originis, f. 来源
-as, -atis 例如 aestas, aestatis, f. 夏天
-es, -edis 例如 merces, mercedis, f. 报酬
-es, -etis 例如 quies, quietis, f. 安静
-os, -otis 例如 dos, dotis, f. 彩礼
-us, -udis 例如 palus, paludis, f. 沼泽
-us, -utis 例如 virtus, virtutis, f. 美德
-x, -cis 例如 vox, vocis, f. 声音
-x, -gis 例如 lex, legis, f. 法律
-bs, -bis 例如 plebs, plebis, f. 民众
还有：hiems, hiemis, f. 冬天

例外：
sermo, sermonis, m. 会话
homo, hominis, m. 人
ordo, ordinis, m. 秩序；
leo, leonis, m. 狮子；
sanguis, sanguinis, m. 血
pes, pedis, m. 脚；obses, obsidis, m. 人质；lapis, lapidis, m. 石头；
paries, parietis, m. 墙壁

vertex, verticis, m. 顶点
grex, gregis, m. 群体

仅有复数形式的名词：preces, precum, f. 请求；fruges, frugum, f. 谷物；opes, opum, f. 财力。

规律：下列结尾的名词属中性
-men, -minis 例如 flumen, fluminis, n. 河流
-us, -eris 例如 genus, generis, n. 种类
-us, -oris 例如 corpus, corporis, n. 身体
还有：caput, capitis, n. 头；iter, itineris, n. 道路；robur, roboris, n. 力量；aes, aeris, n. 铜；us, iuris, n. 权利；rus, ruris, n. 乡下

例外：
tellus, telluris, f. 土地
Venus, Veneris, f. 维纳斯

无变格的名词：fas, n. 正义，天道；nefas, n. 不义。

下列名词复数属格是 -um：pater, patris, m. 父亲；mater, matris, f. 母亲；frater, fratris, m. 弟兄；iuvenis, iuvenis, m. 青年；sedes, sedis, f. 座位；canis, canis, m. 狗。

不规则名词：Iupiter 朱庇特（主神）：Iup(p)iter, Iovis, Iovi, Iovem, Iove

bos, m.(f.) 牛：bos, bovis, bovi, bovem, bove, boves, boum, bobus/bubus, boves, bobus/bubus

vas, n. 器皿：vas, vasis, vasi, vas, vase, vasa, vasorum, vasis, vasa, vasis

1.3.2 单数夺格 -i 和复数属格 -ium 名词

规律：下列结尾的名词属阴性

-is 例如 turris, turris, f. 塔楼； sitis, sitis, f. 渴

还有：vis 力量；单数仅有主格 vis、宾格 vim、夺格 vi；
复：vires, virium, viribus, vires, viribus

规律：下列结尾的名词属中性

-al, -als 例如 animal, animalis, n. 动物　只有复数形式的词：moenia,
-ar, -ars 例如 par, paris, n. 同样的　　moenium, n. 城墙
-e, -is 例如：mare, maris, n. 海洋

1.3.3 单数夺格 -e 和复数属格 -ium 名词

规律：属格不增加音节的名词　　例外：
如果有下列结尾则属阴性

-is, -is 例如 navis, navis, f. 船　　finis, finis, m. 终点；ignis, ignis, m. 火；
　　　　　　　　　　　　　　　　collis, collis, m. 丘陵；orbis, orbis, m. 圆
　　　　　　　　　　　　　　　　圈；mensis, mensis, m. 月；piscis,
　　　　　　　　　　　　　　　　piscis, m. 鱼；panis, panis, m. 面包等

-es, -is 例如 nubes, nubis, f. 云
　　　　　　 sedes, sedis, f. 座位

规律：词根以两、三个辅音结尾的名词属阴性　　例外：

-rb- 例如 urbs, urbis, f. 城市　　阳性：imber, imbris, m. 雨
-rp- 例如 stirps, stirpis, f. 根　　venter, ventris, m. 肚子
-rc- 例如 arx, arcis, f. 城堡　　dens, dentis, m. 牙
-rt- 例如 sors, sortis, f. 命运　　fons, fontis, m. 泉源
-nt- 例如 gens, gentis, f. 民族　　mons, montis, m. 山
-nd- 例如 frons, frondis, f. 叶子　　pons, pontis, m. 桥
-ct- 例如 nox, noctis, f. 夜晚　　中性：
还有：fraus, fraudis, f. 欺骗；lis, litis, f. 争论；nix, nivis, f. 雪；caro, carnis, f. 肉　　lac, lactis, n. 牛奶；mel, mellis, n. 蜂蜜；cor, cordis, n. 心

仅有复数形式的名词：fauces, faucium, f. 喉咙；Alpes, -ium, f. 阿尔卑斯山。

单数、复数意思不同的名词：aedes, aedis, f. 神庙；aedes, -ium, f. 房子；finis, finis, m. 边界；fines, finium, m. 地区；pars, partis, f. 部分；partes, partium, f. 派别，党派。

1.4　4 变格（U 变格）

规律：4 变格名词属阳性，结尾 -us　　例外：属阴性的名词
-us, -us 例如 fructus, -us, m. 水果　　manus, manus, f. 手
　　　　　cursus, -us, m. 跑步　　domus, domus, f. 家，家族，房子
中性名词（很少出现）：　　porticus, porticus, f. 走廊
-u, -us 例如 cornu, -us, n. 角　　tribus, tribus, f. 城区

不规则形式：domus［家］ 单数：domus, domus/domi, domui, domum, domo；

复数：domus, domuum/domorum, domibus, domus/domos, domibus

1.5 5 变格（E 变格）

规律：5 变格名词属阴性　　　　例外
-es, -ei 例如 res, rei, f. 事物　　dies, diei, m. 日子，天
　　　　spes, spei, f. 希望　　meridies, meridiei, m. 中午

属 5 变格的名词不多，含义比较抽象；有的没有复数，如 fides 信仰、spes 希望等。

res 有多含义：res publica 国度；res familiaris 家产；res secundae 顺境；res adversae 灾难。

2. 形容词
2.1 属 1、2 变格（A、O 变格）的形容词

单数	好的，良好的			自由的		
	阳性	阴性	中性	阳性	阴性	中性
主格	bonus	bona	bonum	liber	libera	liberum
属格	boni	bonae	boni	liberi	liberae	liberi
与格	bono	bonae	bono	libero	liberae	libero
宾格	bonum	bonam	bonum	liberum	liberam	liberum
夺格	bono	bona	bono	libero	libera	libero
复数						
主格	boni	bonae	bona	liberi	liberae	libera
属格	bonorum	bonarum	bonorum	liberorum	liberarum	liberorum
与格	bonis	bonis	bonis	liberis	liberis	liberis
宾格	bonos	bonas	bona	liberos	liberas	libera
夺格	bonis	bonis	bonis	liberis	liberis	liberis

表 2：形容词变格表（属 1、2 变格）

属 1、2 变格的形容词以 -us, -a, -um 或 -er, -era, -erum 结尾，有

时候 e 脱落，如 niger, nigra, nigrum 黑的。

和 O 变格阳性名词一样，-us 结尾形容词的呼格是 -e，如 bone amice 好朋友啊！

2.2 属 3 变格的形容词

2.2.1 单数夺格 -e，复数属格 -um 结尾的形容词

	老的，旧的			比较长的		
单数	阳性	阴性	中性	阳性	阴性	中性
主格	vetus	vetus	vetus	longior	longior	longius
属格	veteris	veteris	veteris	longioris	longioris	longioris
与格	veteri	veteri	veteri	longiori	longiori	longiori
宾格	veterem	veterem	vetus	longiorem	longiorem	longius
夺格	vetere	vetere	vetere	longiore	longiore	longiore
复数						
主格	veteres	veteres	vetera	longiores	longiores	longiora
属格	veterum	veterum	veterum	longiorum	longiorum	longiorum
与格	veteribus	veteribus	veteribus	longioribus	longioribus	longioribus
宾格	veteres	veteres	vetera	longiores	longiores	longiora
夺格	veteribus	veteribus	veteribus	longioribus	longioribus	longioribus

表 3：形容词变格表（属 3 变格）

这一类型的形容词阳、阴、中性单数主格都一样，比较级的形式阳、阴性一样。

属于这种类型的单词包括：pauper, pauperis 贫穷；dives, divitis 富有；princeps, principis 第一个，主要的；particeps, participis 参与的，分有的；superstes, superstitis 幸存的；sospes, sospitis 完好的；compos, compotis 平稳的，正常的。

2.2.2 单数夺格 -i / -e，复数属格 -ium 结尾的形容词

单数	坚强的			喊叫的		
	阳性	阴性	中性	阳性	阴性	中性
主格	fortis	fortis	forte	vocans	vocans	vocans
属格	fortis	fortis	fortis	vocantis	vocantis	vocantis
与格	forti	forti	forti	vocanti	vocanti	vocanti
宾格	fortem	fortem	forte	vocantem	vocantem	vocans
夺格	forti	forti	forti	vocante (-i)	vocante (-i)	vocante (-i)
复数						
主格	fortes	fortes	fortia	vocantes	vocantes	vocantia
属格	fortium	fortium	fortium	vocantium	vocantium	vocantium
与格	fortibus	fortibus	fortibus	vocantibus	vocantibus	vocantibus
宾格	fortes	fortes	fortia	vocantes	vocantes	vocantia
夺格	fortibus	fortibus	fortibus	vocantibus	vocantibus	vocantibus

表 4：形容词变格表（属 3 变格）

这种类型的形容词单数夺格为 -i（或 -e），复数属格 -ium，中性复数主格和宾格 -ia。

大多属这种类型的形容词阳性、阴性单数主格一样，所以单数主格有两个词尾，比如：fortis, m., fortis, f., forte, n., (=fortis, -e) 坚强的；brevis, m., brevis, f., breve, n. 短的。

阳性、阴性和中性有三个不同形式的形容词（很少出现）：acer, m., acris, f., acre, n. 尖锐的（属格：acris, -is, -is，和 fortis 一样）。

主格阳、阴、中性同样的形容词也有（包括现在时分词）：felix, m., felix, f., felix, n. 幸福的；sapiens, m., sapiens, f., sapiens, n. 有智慧的；vocans, m., vocans, f., vocans, n. 喊叫的；词典经常写这些词的主格和属格：sapiens, -entis。

例外：阳、阴、中性同样的形容词 memor, memoris（记得的）、inops, inopis（穷的）、vigil, vigilis（警惕的）的单数夺格以 -i，其复数属格以 -um 结尾。

现在时分词当谓语时，则其单数夺格以 -e 结尾（如 sole oriente 太阳升起），当形容词时则以 -i 结尾（如 ardenti studio 以热烈的努力）。

2.3 形式词的比较级和最高级

形容词的比较级：阳性和阴性在词根后加 -ior，中性加 -ius，变格形式参见上文 2.2.1。

最高级在词根后加 -issimus, -issima, -issimum，但以 -er 结尾的形容词的最高级是 -errimus, -errima, -errimum。少数以 -illimus, -a, -um 结尾最高级，包括 facilis, -e 容易的、difficilis, -e 难的、similis, -e 相似的、dissimilis, -e 不相似的、humilis, -e 低的，卑微的。

原级	比较级	最高级
longus, -a, -um 长的	longior, longius	longissimus, -a, -um
brevis, -e 短的	brevior, brevius	brevissimus, -a, -um
prudens, -entis 明智的	prudentior, prudentius	prudentissimus, -a, -um
pulcher, -chra, -chrum 美丽的	pulchrior, pulchrius	pulcherrimus, -a, -um
facilis, -e 容易的	facilior, facilius	facillimus, -a, -um
例外：vetus 老的	vetustior, vetustius	veterrimus, -a, -um
例外：dives 富有的	divitior, divitius (=ditior, ditius)	divitissimus (=ditissimus)
-dicus, -ficus, -volus 的规律：magnificus, -a, -um 壮观的 benevolus, -a, -um 善意的	比较级结尾拉长 magnificentior, -ius benevolentior, -ius	最高级结尾拉长 magnificentissimus, -a, -um benevolentissimus, -a, -um

表 5：形容词的比较级和最高级（规则）

不规则的比较级和最高级形式：

原级	比较级	最高级
bonus, -a, -um 好的，善良的	melior, melius	optimus, -a, -um
malus, -a, -um 坏的，恶的	peior, peius	pessimus, -a, -um
magnus, -a, -um 大的	maior, maius	maximus, -a, -um
parvus, -a, -um 小的	minor, minus	minimus, -a, -um
multum 多	plus	plurimum
multi, -ae, -a 多的	plures, plura (gen. plurium)	plurimi, -ae, -a

表6：形容词的比较级和最高级（不规则）

那些在 -us 之前有元音的形容词的比较级用 magis，最高级用 maxime，如：magis idoneus 更适合的；maxime necessarius 最需要的。下列形容词也用这种方式：ferus 猛烈的、frugifer 多产的、gnarus 有知识的、ignarus 无知识的、mirus 奇妙的、laudabilis 值得赞美的、inops 穷困的，比如：maxime gnarus 非常有知识的。

没有原级的比较形式：

interior, -ius 里面的，内部的　　intimus, -a, -um 最内的
exterior, -ius 外面的，外部的　　extremus, -a, -um 最外的
inferior, -ius 下面的，较下的　　infimus, -a, -um 最下的
superior, -ius 上面的，较上的　　supremus, -a, -um 最上的
ulterior, -ius 较远的，以前的　　ultimus, -a, -um 最远的，最后的
prior, prius 前面的，先的　　　　primus, -a, -um 最前的，最早的，第一个
posterior, -ius 后面的，后的　　　postremus, -a, -um 最后的，最晚的
propior, -ius 较近的，靠近的　　　proximus, -a, -um 最近的
potior, -ius 更优秀的，更强的　　potissimus, -a, -um 最优秀的，最重要的

3. 副词

属 O 变格形容词加 -e 则成为副词，属 3 变格形容词加 -iter。副词的比较级和形容词的单数中性形式一样，副词的最高级将形容词的最高级后缀改成 -e：

形容词	副词	副词比较级	副词最高级
molestus 难受的	moleste	molestius	molestissime
pulcher 美丽的	pulchre	pulchrius	pulcherrime
celer 快的	celeriter	celerius	celerrime
felix 幸福的	feliciter	felicius	felicissime
bonus 好的	bene	melius	optime
malus 坏的	male	peius	pessime

表 7：副词的比较级和最高级

部分副词以 -o 结尾（不以 -e 结尾）：crebro 屡次；falso 虚假地；primo 先前；postremo 终于；raro 罕见地；merito 正当地。

形容词 verus（真的）产生两个副词：vere 真实地，真正地；vero 实际上，但是。

下列形容词的中性单数宾格形式是其副词：primum 首先；prius 更早；nimium 太多，过于；parum 太少，仅一点；paulum 一点，稍微；potius 更可能，宁愿；potissimum 最有可能；facile 容易地，轻易地；plerumque 经常；ceterum 另外；impune 不受惩罚地。

以 -ans, -antis 和 -ens, -entis 结尾的副词后缀是 -ter (-er)，而非 -iter：constans 坚定的，constanter 坚定地；clemens 温和的，clementer 温和地。

4. 代词
4.1 人称代词

单数	第一人称	第二人称	第三人称	反身
主格	ego 我	tu 你，您	is/ea/id 他/她/它	—
属格	mei 我的	tui 你的	eius 他的/她的	sui 他自己的
与格	mihi 给我	tibi 给你	ei 给他	sibi 给他自己
宾格	me 对我	te 对你	eum/eam/id 对他	se 对他自己
夺格	a me 由我	a te 由你	eo/ea/eo 由他	a se 由他自己
复数				
主格	nos 我们	vos 你们	ii(ei)/eae/ea 他们	—
属格	nostri/ 我们的 nostrum [物主]	vestri/ 你们的 vestrum [物主]	eorum/earum/ 他们的 eorum	sui 他们自己的
与格	nobis 给我们	vobis 给你们	iis(eis) 给他们	sibi 给他们自己
宾格	nos 对我们	vos 对你们	eos/eas/ea 对他们	se 对他们自己
夺格	a nobis 由我们	vobis 由你们	iis(eis) 由他们	a se 由他们自己

表 8：人称代词表

部分动词要求属格：memini tui/ vestri 我想到你/你们；nostrum, vestrum 指物主关系。

4.2 物主代词

	单数	复数
第一人称	meus, mea, meum 我的	noster, nostra, nostrum 我们的
第二人称	tuus, tua, tuum 你的	vester, vestra, vestrum 你们的
第三人称	suus, sua, suum 他的	suus, sua, suum 他们的

物主代词的变格符合 1、2 变格的形容词，参见 2.1 的单词

bonus 和 liber 的形式。

第三人称的物主代词一般指句子的主语；如果不指主语则使用 eius 他的、eorum 他们的：

Marcus amicum suum invitat. 马尔库斯邀请他（自己）的朋友。
etiam fratrem eius invitat. 他也邀请他的弟弟（指朋友的弟弟）。

4.3 指示代词

单数	这个，这位			那个，那位			他，她，它；这位		
主格	hic	haec	hoc	ille	illa	illud	is	ea	id
属格	huius	huius	huius	illius	illius	illius	eius	eius	eius
与格	huic	huic	huic	illi	illi	illi	ei	ei	ei
宾格	hunc	hanc	hoc	illum	illam	illud	eum	eam	id
夺格	hoc	hac	hoc	illo	illa	illo	eo	ea	eo
复数									
主格	hi	hae	haec	illi	illae	illa	ii (ei)	eae	ea
属格	horum	harum	horum	illorum	illarum	illorum	eorum	earum	eorum
与格	his	his	his	illis	illis	illis	iis (eis)	iis	iis
宾格	hos	has	haec	illos	illas	illa	eos	eas	ea
夺格	his	his	his	illis	illis	illis	iis (eis)	iis	iis
单数	同样的，同样的他			那个；他自己			那个；这个；那位		
主格	idem	eadem	idem	ipse	ipsa	ipsum	iste	ista	istud
属格	eiusdem	eiusdem	eiusdem	ipsius	ipsius	ipsius	istius	istius	istius
与格	eidem	eidem	eidem	ipsi	ipsi	ipsi	isti	isti	isti
宾格	eundem	eandem	idem	ipsum	ipsam	ipsum	istum	istam	istud
夺格	eodem	eadem	eodem	ipso	ipsa	ipso	isto	ista	isto
复数									
主格	idem	eaedem	eadem	ipsi	ipsae	ipsa	isti	istae	ista

续表

属格	eorundem	earundem	eorundem	ipsorum	ipsarum	ipsorum	istorum	istarum	istorum
与格	eisdem (isdem)	eisdem	eisdem	ipsis	ipsis	ipsis	istis	istis	istis
宾格	eosdem	easdem	eadem	ipsos	ipsas	ipsa	istos	istas	ista
夺格	eisdem (isdem)	eisdem	eisdem	ipsis	ipsis	ipsis	istis	istis	istis

表 9：指示代词表

4.4 关系代词

	单数			复数		
主格	qui	quae	quod	qui	quae	quae
属格	cuius	cuius	cuius	quorum	quarum	quorum
与格	cui	cui	cui	quibus	quibus	quibus
宾格	quem	quam	quod	quos	quas	quae
夺格	quo	qua	quo	quibus	quibus	quibus

表 10：关系代词表

注意：汉语无关系代词，经常需要改变关系句子的词序：homo quem vides 你看到的人。

作为名词的 quisquis, quicquid 和作为形容词的 quicumque, quaecumque, quodcumque 译作"无论谁""无论什么"。后者变格符合 qui, quae, quod，只加后缀 -cumque。

4.5 疑问代词

当名词用的疑问词：quis? 谁？ quid? 什么？ 变格：cuius?cui?

neuter, neutra, neutrum（两个都不）的属格是 neutrius，与格 neutri，其他见 4.3。

alter, altera, alterum（两个中的另一个，第二个）属格 alterius，与格 alteri，其他见 4.3。

alius, alia, aliud（另一个，其他的）的变格形式如下：

	单数			复数		
主格	alius	alia	aliud	alii	aliae	alia
属格		alterius		aliorum	aliarum	aliorum
与格		alteri			aliis	
宾格	alium	aliam	aliud	alios	alias	alia
夺格	alio	alia	alio		aliis	

表 14：alius 等变格表

unus, una, unum（一个）、solus, sola, solum（单独的）和 totus, tota, totum（全部的，整个）的属格以 -ius 结尾，与格以 -i 结尾，其他形式和 ille 一样，参见 4.3。

4.7 关联代词 / 对应代词

指示词（词头 t- 表示确定）		关联词（词头 qu- 表示不确定）	
tam	这样的，如此	quam	如何，如此
tantus	这样大的	quantus, -a, -um	多么大，如何大
tantum	这样多，如此多，到这样的程度	quantum	多少，如何多，到如何程度
talis, tale	这样的，如此的	qualis, quale	如何的，怎么样的
tot	这样多（可数）	quot	如何多的，多少个

表 15：关联代词、对应代词表

例句：Quot homines, tot sententiae (sunt). 有多少人，就有多少意见（意见不一）。

4.8 与时间、地点有关系的代词副词

	疑问词		指示词		不定词	
地点	ubi? qua?	哪里？ 何处？	ibi, hic, illic	在这里，此 地，那里	ubique	到处，各处
	unde?	从哪里？ 从何处？	inde, hinc	从这里，从 此，从那里	nusquam	无处
	quo?	到哪里？ 往何处？	eo, illuc, huc	到这里，到 那里	undique	从各地
					quocumque	无论到哪里
时间	quando?	何时？什 么时候？	tum	那时，当时	aliquando umquam numquam	某一天，某时 任何时候 从来不，永不

表16：代词副词表

5. 数词

数字	罗马数字	基数词	序数词	次数词
1	I	unus, una, unum 一，一个	primus, -a, -um 第一个	semel 一次
2	II	duo, duae, duo 二，两个	secundus, -a, -um 第二个	bis 两次
3	III	tres, tria 三，三个	tertius, -a, -um 第三个	ter 三次
4	IV (IIII)	quatuor (quattuor) 四，四个	quartus, -a, -um 第四个	quater 四次
5	V	quinque ……	quintus, -a, -um ……	quinquie(n)s …

续表

数字	罗马数字	基数词	序数词	次数词
6	VI	sex	sextus...	sexie(n)s
7	VII	septem	septimus	septie(n)s
8	VIII	octo	octavus	octie(n)s
9	IX (VIIII)	novem	nonus	novie(n)s
10	X	decem	decimus	decie(n)s
11	XI	undecim	undecimus	undecie(n)s
12	XII	duodecim	duodecimus	duodecie(n)s
13	XIII	tredecim	tertius decimus	ter decie(n)s
14	XIV (XIIII)	quattuordecim	quartus decimus	
15	XV	quindecim	quintus decimus	
16	XVI	sedecim	sextus decimus	
17	XVII	septendecim	septimus decimus	
18	XVIII	duodeviginti	duodevicesimus	
19	XIX	undeviginti	undevicesimus	
20	XX	viginti	vicesimus	vicie(n)s
21	XXI	viginti unus	vicesimus primus	semel et vicie(n)s
30	XXX	triginta	tricesimus	tricie(n)s
40	XL	quadraginta	quadragesimus	
50	L	quinquaginta	quinquagesimus	
60	LX	sexaginta	sexagesimus	
70	LXX	septuaginta	septuagesimus	
80	LXXX	octoginta	octogesimus	
90	XC	nonaginta	nonagesimus	
100	C	centum	centesimus	centie(n)s
200	CC	ducenti, -ae, -a	ducentesimus	ducentie(n)s
300	CCC	trecenti, -ae, -a	trecentesimus	
400	CD(CCCC)	quadringenti, ...	quadringentesimus	
500	D	quingenti	quingentesimus	

续表

数字	罗马数字	基数词	序数词	次数词
600	DC	sescenti	sescentesimus	
700	DCC	septingenti	sepingentesimus	
800	DCCC	octingenti	octingentesimus	
900	CM(DCCCC)	nongenti	nongentesimus	
1000	M	mille	millesimus	millie(n)s
2000	MM	duo milia	bis millesimus	bis millie(n)s

表17：数词表

原则上，基数词没有变格，只有1、2、3、200到900和2000、3000等有变格形式。序数词（如primus）的变格符合A、O变格的形容。（见2.1 bonus）

6. 动词

6.1 符合规律的形式

动词可以分为五个类似的变位形式：A变位、E变位、I变位、3变位、混合变位。

6.1.1 现在时形式

现在时词根形成现在时、过去时、将来时、命令式、现在时分词、动名词形式。

主动态的形式如下：

时态	人称	A变位	E变位	3变位	I变位	混合变位
词义		喊叫，称呼	劝免，提醒	遮盖，覆盖	听，聆听	抓住
(1)现在不定式	inf.	vocare	monere	tegere	audire	capere

续表

时态	人称	A 变位	E 变位	3 变位	I 变位	混合变位
词义		喊叫，称呼	劝免，提醒	遮盖，覆盖	听，聆听	抓住
(2)现在时直陈式	一 sg	voco	moneo	tego	audio	capio
	二	vocas	mones	tegis	audis	capis
	三	vocat	monet	tegit	audit	capit
	一 pl	vocamus	monemus	tegimus	audimus	capimus
	二	vocatis	monetis	tegitis	auditis	capitis
	三	vocant	monent	tegunt	audiunt	capiunt
(3)现在时虚拟式	一 sg	vocem	moneam	tegam	audiam	capiam
	二	voces	moneas	tegas	audias	capias
	三	vocet	moneat	tegat	audiat	capiat
	一 pl	vocemus	moneamus	tegamus	audiamus	capiamus
	二	vocetis	moneatis	tegatis	audiatis	capiatis
	三	vocent	moneant	tegant	audiant	capiant
(4)过去时直陈式	一 sg	vocabam	monebam	tegebam	audiebam	capiebam
	二	vocabas	monebas	tegebas	audiebas	capiebas
	三	vocabat	monebat	tegebat	audiebat	capiebat
	一 pl	vocabamus	monebamus	tegebamus	audiebamus	capiebamus
	二	vocabatis	monebatis	tegebatis	audiebatis	capiebatis
	三	vocabant	monebant	tegebant	audiebant	capiebant
(5)过去时虚拟式	一 sg	vocarem	monerem	tegerem	audirem	caperem
	二	vocares	moneres	tegeres	audires	caperes
	三	vocaret	moneret	tegeret	audiret	caperet
	一 pl	vocaremus	moneremus	tegeremus	audiremus	caperemus
	二	vocaretis	moneretis	tegeretis	audiretis	caperetis
	三	vocarent	monerent	tegerent	audirent	caperent
(6)将来时	一 sg	vocabo	monebo	tegam	audiam	capiam
	二	vocabis	monebis	teges	audies	capies
	三	vocabit	monebit	teget	audiet	capiet
	一 pl	vocabimus	monebimus	tegemus	audiemus	capiemus
	二	vocabitis	monebitis	tegetis	audietis	capietis
	三	vocabunt	monebunt	tegent	audient	capient

时态	人称	A 变位	E 变位	3 变位	I 变位	混合变位
词义		喊叫，称呼	劝免，提醒	遮盖，覆盖	听，聆听	抓住
(7) 命令式	二 sg	voca!	mone!	tege!	audi!	cape!
	二 pl	vocate!	monete!	tegite!	audite!	capite!
(8)将来时命令式	二 sg	vocato!	moneto!	tegito!	audito!	capito!
	三 sg	vocato!	moneto!	tegito!	audito!	capito!
	二 pl	vocatote!	monetote!	tegitote!	auditote!	capitote!
	三 pl	vocanto!	monento!	tegunto!	audiunto!	capiunto!
(9)动名词	属	vocandi	monendi	tegendi	audiendi	capiendi
	与	vocando	monendo	tegendo	audiendo	capiendo
	宾	vocandum	monendum	tegendum	audiendum	capiendum
	夺	vocando	monendo	tegendo	audiendo	capiendo
(10)现在时分词	主	vocans	monens	tegens	audiens	capiens
	属	vocantis	monentis	tegentis	audientis	capientis
	与	vocanti	monenti	tegenti	audienti	capienti
	宾	vocantem	monentem	tegentem	audientem	capientem
	夺	vocante	monente	tegente	audiente	capiente
	复	复数见 2.2.2	monentes	tegentes	audientes	capientes

表18：动词变位表（主动态）

被动态的形式如下：

时态	人称	A 变位	E 变位	3 变位	I 变位	混合变位
词义		被叫	被劝免	被遮盖	被听	被抓住
(1)现在不定式	inf.	vocari	moneri	tegi	audiri	capi

附录一

续表

时态	人称		A 变位	E 变位	3 变位	I 变位	混合变位
词义			被叫	被劝免	被遮盖	被听	被抓住
(2)现在时直陈式	一	sg	vocor	moneor	tegor	audior	capior
	二		vocaris	moneris	tegeris	audiris	caperis
	三		vocatur	monetur	tegitur	auditur	capitur
	一	pl	vocamur	monemur	tegimur	audimur	capimur
	二		vocamini	monemini	tegimini	audimini	capimini
	三		vocantur	monentur	teguntur	audiuntur	capiuntur
(3)现在时虚拟式	一	sg	vocer	monear	tegar	audiar	capiar
	二		voceris	monearis	tegaris	audiaris	capiaris
	三		vocetur	moneatur	tegatur	audiatur	capiatur
	一	pl	vocemur	moneamur	tegamur	audiamur	capiamur
	二		vocemini	moneamini	tegamini	audiamini	capiamini
	三		vocentur	moneantur	tegantur	audiantur	capiantur
(4)过去时直陈式	一	sg	vocabar	monebar	tegebar	audiebar	capiebar
	二		vocabaris	monebaris	tegebaris	audiebaris	capiebaris
	三		vocabatur	monebatur	tegebatur	audiebatur	capiebatur
	一	pl	vocabamur	monebamur	tegebamur	audiebamur	capiebamur
	二		vocabamini	monebamini	tegebamini	audiebamini	capiebamini
	三		vocabantur	monebantur	tegebantur	audiebantur	capiebantur
(5)过去时虚拟式	一	sg	vocarer	monerer	tegerer	audirer	caperer
	二		vocareris	monereris	tegereris	audireris	capereris
	三		vocaretur	moneretur	tegeretur	audiretur	caperetur
	一	pl	vocaremur	moneremur	tegeremur	audiremur	caperemur
	二		vocaremini	moneremini	tegeremini	audiremini	caperemini
	三		vocarentur	monerentur	tegerentur	audirentur	caperentur
(6)将来时	一	sg	vocabor	monebor	tegar	audiar	capiar
	二		vocaberis	moneberis	tegeris	audieris	capieris
	三		vocabitur	monebitur	tegetur	audietur	capietur
	一	pl	vocabimur	monebimur	tegemur	audiemur	capiemur
	二		vocabimini	monebimini	tegemini	audiemini	capiemini
	三		vocabuntur	monebuntur	tegentur	audientur	capientur

续表

时态 词义	人称	A 变位 被叫	E 变位 被劝免	3 变位 被遮盖	I 变位 被听	混合变位 被抓住
(7) 现在命令式	二 sg	vocare!	monere!	tegere!	audire!	capere!
	二 pl	vocamini!	monemini!	tegimini!	audimini!	capimini!
(8) 将来命令式	二 sg	vocator!	monetor!	tegitor!	auditor!	capitor!
	三 sg	vocator!	monetor!	tegitor!	auditor!	capitor!
	三 pl	vocantor!	monentor!	teguntor!	audiuntor!	capiuntor!
(9) 动形词		vocandus, -a, -um	monendus, -a, -um	tegendus, -a-um	audiendus, -a,-um	capiendus, -a, -um
(10) 完成时分词		vocatus, -a, -um	monitus, -a, -um	tectus, -a, -um	auditus, -a, -um	captus, -a, -um
(11) 主动		vocavisse	monuisse	texisse	audivisse	cepisse
(12) 被动		vocatus esse	monitus esse	tectus esse	auditus esse	captus esse

表 19：动词变位表（被动态）

6.1.2 完成时形式

动词的主动完成时在完成时词根（vocav-, monu-, tex- 等）后加上人称后缀。被动完成时用完成时分词（vocatus, -a, -um），加上 sum, sim, eram 等词。完成时不定式如下：

时态	人称	A 变位	E 变位	3 变位	I 变位	混合变位
(1) 主动完成时直陈式	一 sg	vocavi	monui	texi	audivi	cepi
	二	vocavisti	monuisti	texisti	audivisti	cepisti
	三	vocavit	monuit	texit	audivit	cepit
	一 pl	vocavimus	monuimus	teximus	audivimus	cepimus
	二	vocavistis	monuistis	texistis	audivistis	cepistis
	三	vocaverunt/-ere	monuerunt/-ere	texerunt/-ere	audiverunt/-ere	ceperunt/-ere

续表

时态	人称	A 变位	E 变位	3 变位	I 变位	混合变位
(2)主动完成时虚拟式	一 sg	vocaverim	monuerim	texerim	audiverim	ceperim
	二	vocaveris	monueris	texeris	audiveris	ceperis
	三	vocaverit	monuerit	texerit	audiverit	ceperit
	一 pl	vocaverimus	monuerimus	texerimus	audiverimus	ceperimus
	二	vocaveritis	monueritis	texeritis	audiveritis	ceperitis
	三	vocaverint	monuerint	texerint	audiverint	ceperint
(3)主动过去完成时直陈式	一 sg	vocaveram	monueram	texeram	audiveram	ceperam
	二	vocaveras	monueras	texeras	audiveras	ceperas
	三	vocaverat	monuerat	texerat	audiverat	ceperat
	一 pl	vocaveramus	monueramus	texeramus	audiveramus	ceperamus
	二	vocaveratis	monueratis	texeratis	audiveratis	ceperatis
	三	vocaverant	monuerant	texerant	audiverant	ceperant
(4)主动过去完成时虚拟式	一 sg	vocavissem	monuissem	texissem	audivissem	cepissem
	二	vocavisses	monuisses	texisses	audivisses	cepisses
	三	vocavisset	monuisset	texisset	audivisset	cepisset
	一 pl	vocavissemus	monuissemus	texissemus	audivissemus	cepissemus
	二	vocavissetis	monuissetis	texissetis	audivissetis	cepissetis
	三	vocavissent	monuissent	texissent	audivissent	cepissent
(5)主动将来完成时	一 sg	vocavero	monuero	texero	audivero	cepero
	二	vocaveris	monueris	texeris	audiveris	ceperis
	三	vocaverit	monuerit	texerit	audiverit	ceperit
	一 pl	vocaverimus	monuerimus	texerimus	audiverimus	ceperimus
	二	vocaveritis	monueritis	texeritis	audiveritis	ceperitis
	三	vocaverint	monuerint	texerint	audiverint	ceperint
(6)被动完成时直陈式	sg	vocatus/-a/-um sum/es/est	monitus/-a/-um sum/es/est	tectus/-a/-um sum/es/est	auditus/-a/-um sum/es/est	captus/-a/-um sum/es/est
	pl	vocati,-ae,-a sumus/estis/sunt	moniti/-ae-a sumus/estis/sunt	tecti/-ae-a sumus/estis/sunt	auditi/-ae-a sumus/estis/sunt	capti/-ae-a sumus/estis/sunt

时态	人称	A 变位	E 变位	3 变位	I 变位	混合变位
(7)被动完成时虚拟式	sg	vocatus,-a,-um sim/sis/sit	monitus/-a/-um sim/sis/sit	tectus/-a/-um sim/sis/sit	auditus/-a/-um sim/sis/sit	captus/-a/-um sim/sis/sit
	pl	vocati,-ae,-a simus/sitis/sint	moniti/-ae/-a simus/sitis/sint	tecti-ae-a simus/-tis/-nt	auditi/-ae/-a simus/-tis/-nt	capti/-ae/-a simus/-tis/-nt
(8) 被动过去完成直陈式	sg	vocatus/-a/-um eram/eras/erat	monitus/-a/-um eram/-s/-t	tectus/-a/-um eram/-s/-t	auditus/-a/-um eram/-s/-t	captus/-a/-um eram/-s/-t
	pl	vocati/-ae-a eramus/-tis/-nt	moniti/-ae-a eramus/-tis/-nt	tecti/-ae-a eramus/-tis/-nt	auditi/-ae-a eramus/-tis/-nt	capti/-ae-a eramus/-tis/-nt
(9)被动过去完成虚拟式	sg	vocatus/-a/-um essem/-es/-et	monitus/-a/-um essem/-s/-t	tectus/-a/-um essem/-s/-t	auditus/-a/-um essem/-s/-t	captus/-a/-um essem/-s/-t
	pl	vocati/-ae-a essemus/-tis/-nt	moniti/-ae-a essemus/-tis/-nt	tecti/-ae-a essemus/-tis/-nt	auditi/-ae-a essemus/-tis/-nt	capti/-ae-a essemus/-tis/-nt
(10) 被动将来完成时	sg	vocatus/-a/-um ero/eris/erit	monitus/-a/-um ero/eris/erit	tectus/-a/-um ero/eris/erit	auditus/-a/-um ero/eris/erit	captus/-a/-um ero/eris/erit
	pl	vocati/-ae-a erimus/-itis/-unt	moniti/-ae-a erimus/-itis/-unt	tecti/-ae-a erimus/-itis/-unt	auditi/-ae-a erimus/-itis/-unt	capti/-ae-a erimus/-itis/-unt
(11)目的动名词	I	vocatum	monitum	tectum	auditum	captum
	II	vocatu	monitu	tectu	auditu	captu
(12)将来时分词		vocaturus, -a, -m	moniturus, -a -um	tecturus, -a, -um	auditurus, -a, -um	capturus, -a, -um
(13)将来不定式		vocaturum esse	moniturum esse	tecturum esse	auditurum esse	capturum esse
(14)被动将来不定式		vocatum iri	monitum iri	tectum iri	auditum iri	captum iri

表20：动词变位表（完成时）

6.2 不规则形式

6.2.1 异态动词（verba deponentia）

"异态动词"主要有被动形式，但它们的被动形式有主动意义，如：hortatur 他劝勉。然而，异态动词的现在时分词、将来时分词、目的动名词和将来时不定式有主动的形式和主动的意义，如：hortans 劝勉着。

"半异态动词"（semi-deponentia）很少出现，主要是：solere（经常做、audere 敢做）、gaudere（感到高兴）和 confidere（信赖），它们的现在时形式是主动的，完成时则是被动的，如 audeo（我敢）、ausus sum（我曾敢）。

下列重要动词有很多不规则的形式：sum, esse 是，存在；volo, velle 愿意；nolo, nolle 不愿意；malo, malle 更愿意，宁愿；fero, ferre 传送，带；feror, ferri 被带，被送。

不定式	esse	velle	nolle	malle	ferre 主动	ferri 被动
(1)现在时直陈式	sum	volo	nolo	malo	fero	feror
	es	vis	non vis	mavis	fers	ferris
	est	vult	non vult	mavult	fert	fertur
	sumus	volumus	nolumus	malumus	ferimus	ferimur
	estis	vultis	non vultis	mavultis	fertis	ferimini
	sunt	volunt	nolunt	malunt	ferunt	feruntur
(2)现在时虚拟式	sim	velim	nolim	malim	feram	ferar
	sis	velis	nolis	malis	feras	feraris
	sit	velit	nolit	malit	ferat	feratur
	simus	velimus	nolimus	malimus	feramus	feramur
	sitis	velitis	nolitis	malitis	feratis	feramini
	sint	velint	nolint	malint	ferant	ferantur

续表

不定式	esse	velle	nolle	malle	ferre 主动	ferri 被动
(3)过去时直陈式	eram eras erat -mus/-tis/-nt	volebam volebas volebat -mus/-tis/-nt	nolebam nolebas nolebat -mus/-tis/-nt	malebam malebas malebat -mus/-tis/-nt	ferebam ferebas ferebat ...	ferebar ferebaris ferebatur ...
(4)过去时虚拟式	essem esses esset -mus/-tis/-nt	vellem velles vellet -mus/-tis/-nt	nollem nolles nollet -mus/-tis/-nt	mallem malles mallet -mus/-tis/-nt	ferrem ferres ferret ...	ferrer ferreris feretur ...
(5)将来时	ero eris erit -imus/-itis/-unt	volam voles volet -mus/-tis/-nt	nolam noles nolet -mus/-tis/-nt	malam males malet -mus/-tis/-nt	feram feres feret ...	ferar fereris feretur ...
(6)命令式	es! este!	—	noli! nolite!	—	fer! ferte!	—
(7)将来命令式	esto! estote! esto! sunto!	—	nolito! nolitote!	—	ferto! ferto!	fertote! ferunto!
(8)完成时直陈式	fui fuisti...	volui voluisti	nolui noluisti	malui maluisti	tuli tulisti	latus sum latus es

表21：动词不规则式

注意：sum, esse 的复合词符合 esse 的变位，完成时都用 -fui：

abesse   不在场，缺席   absum   afui

adesse   在场，临在   adsum / assum   adfui / affui

deesse   不在，缺少   desum   defui

interesse   参与，有关系   intersum   interfui

obesse   有害，阻碍   obsum   obfui / offui

praeesse   领导，主导   praesum   praefui

| prodesse | 有用,有利 | prosum | profui(两个元音之间加 d：pro-d-esse) |
| supersum | 有多,剩余 | supersum | superfui |

注意 possum, posse（能，可能）的形式，它也是 sum, esse 的复合词：

人称	现在直陈	现在虚拟	过去直陈	过去虚拟	将来时	完成直陈
一	possum	possim	poteram	possem	potero	potui
二	potes	possis	poteras	posses	poteris	potuisti
三	potest	possit	poterat	posset	poterit	potuit
一	possumus	possimus	poteramus	possemus	poterimus	potuimus
二	potestis	possitis	poteratis	possetis	poteritis	potuistis
三	possunt	possint	poterant	possent	poterunt	potuerunt

其他的完成时形式也用 potu- 词根，如：potuisse（完成时不定式），potueram（过去完成时）。

动词 eo, ire（走，行走）有两个词根，即 e- 和 i-，注意下列形式：

现在直陈式	eo, is, it, imus, itis, eunt	完成直陈式	ii, isti, iit, iimus, istis, ierunt
现在虚拟式	eam, eas, eat 等	完成虚拟式	ierim, ieris, ierit 等
过去直陈式	ibam, ibas, ibat 等	过去完成直陈式	ieram, ieras, ierat 等
过去虚拟式	irem, ires, iret 等	过去完成虚拟式	issem, isses, isset 等
将来时	ibo, ibis, ibit 等	将来完成时	iero, ieris, ierit 等
命令式	i! ite!	将来命令式	ito! itote! eunto!
现在不定式	ire	完成时不定式	isse!
动名词	eundi, eundo, eundum	现在时分词	iens, euntis, eunti, euntem, eunte

注意：eo, ire 有很多复合词，它们的形式和 eo 一样，比如 redibam 我回去了（从 redeo）。

被理解为 facio, facere 的被动形式是 fio, fieri, factus sum（形成，成为，发生，出现）：

现在时直陈式　fio, fis, fit, fimus, fitis, fiunt　　现在时虚拟式　fiam, fias, fiat 等

过去时直陈式　fiebam, fiebas, fiebat 等　　过去时虚拟式　fierem, fieres, fieret 等

完成时直陈式　factus sum, factus es 等　　完成时虚拟式　factus sim, factus sis 等

现在不定式　　fieri　　　　　　　　将来不定式　　futurum esse 或 fore

6.2.2 残缺动词（verba defectiva 形式不完整的动词）

仅有完成时形式的动词（完成时表示现在，过去完成时则表示过去的意思）：

memini, meminisse 纪念，想起；命令式为 memento；比如 memini 我（现在）记得。

odi, odisse 厌恶，憎恨；比如 odi 我恨；oderam 我曾经恨。

coepi, coepisse 开始；比如 coepit dicere 他开始说话（根据上下文表示现在或过去）。

仅有个别形式的动词：

aio, ait, aiunt 我说，你说，他们说；还有 aiebam, aiebas, aiebat 等过去时形式。

inquam 我说，inquit 他说（可能表示现在或过去）

quaeso 我请你！请！ quaesumus 我们请你！请！

ave/avete! 和 salve /salvete! 你好！您好！

vale/valete! 再见！保重！

附录二

说明:这部分包含拉丁语文献中最常见的单词(加粗表示),并根据词根排列。在方括号中附上一些与木单词有关系的英语[E]、法语[F]或德语[D]的单词,这样能更容易记住拉丁语单词。

词汇表一(代词、副词、介词、连词)

人称代词

ego, mei, mihi, me, me 我

equidem 我却,然而我

nos, nostrum, nobis, nos, nobis 我们

tu, tui, tibi, te, te 你

vos, vestrum, vobis, vos, vobis 你们

sui, sibi, se, (reflexive) 他,他自己(反身的)

物主代词

meus, -a, -um [E: my] 我的

noster, -tra, -trum 我们的

tuus, -a, -um　你的

vester, -tra, -trum　你们的

suus, -a, -um　他的，他们的

指示代词

hic, haec, hoc　这个，这位

idem, eadem, idem　同样的

ille, illa, illud　那个，那位

ipse, ipsa, ipsum　自己，亲自

is, ea, id　他，她，它

iste, ista, istud　这个，这位

talis, -e　这样的，如此的

tantus, -a, -um　这样大，这样多的

tot　这样多（不变格）

关系代词

qualis, -e, [E: quality]　如此，正如

quantus, -a, -um, [E: quantity]　如此多

qui, quae, quod, [E: who, which]　该，他，她，它

quicumque, quae-, quod-　无论谁，什么

quisquis, quidquid　无论谁，什么

quot　有多少

疑问代词

qualis, -e 什么样的？

quantus, -a, -um 多大，多少？

qui, quae, quod 哪个？

qui 如何，为什么？

quo 通过什么？

quis, quid, (cuius, cui, quem, quo) 谁？什么？

quid novi? 有什么新事？

quot 多少个？

uter, utra, utrum （两个中）哪一个？

不定代词

aliqui, aliqua(e), aliquod 任何一个

qui, quae, quod 任何一个

aliquis, aliquid 某人，某事

quis, quid 某人，某事

aliquantus, -a, -um 颇大，颇多

alius, alia, aliud 另一个

Alius alium adiuvat 一个帮助另一个

alter, altera, alterum （两个中）另一个

altero die 第二天

alter ... alter 一个……另一个

nemo 没有人

nihil = nil　无事，无物

nullus, -a, -um　无人，无事

nonnulli, -ae, -a　一些，某些

quidam, quaedam, quoddam　某一个

quidam, quaedam (pl)　一些，几个

quisquam, quicquam　某一个，某事

quisque, quaeque, quodque　每一个

quisquis, quidquid　每一个

quivis, quaevis, quodvis　任何一个

ullus, -a, -um　某一个

uterque, utraque, utrumque　两个都，所有的

关联代词

quanto...tanto　越多……越多

quo...eo　越……越

talis...qualis　这样的……就如

Qualis rex, talis et grex.　上梁不正，下梁歪。

tam...quam　这么……就像

tantum...quantum　正如……多

tantus...quantus　正如……大

tot...quot　这么多……就像

副词：表示地点，空间

eo 到此，到那里

hactenus 直到这里

hic 这里，在此处

hinc 从此

huc 到这里

ibi 那里，在那地方

alibi 在另处

illuc, illo, istuc 到那里

istic 那边

istinc 从那边

longe 远，在远处

nusquam 哪里都不，（到）无处

obviam (ire) 走向

procul 远处，从远

qua 那里，到那里

quo 到那里，到那儿

rursus 返回，重新，另一方面

ubi 何处，哪里？

ubicumque 无论在何处

ubique 到处，各地

unde 从那里

undique 从四方，从各处

usque 到，一直到

usque ad (mare) 直到（海边，晚年）

utrimque 在两边都

副词：表示时间

adhuc 直到现在

aliquando 曾经，某时候

amplius 再说，更多

antea 之前，以前

cottiedie = quotidie 每日，天天

quotannis 每年

deinde = dein 然后，另外

denique 最终，究竟

diu, (diutius, diutissime) 久，长期，（更久）

extemplo 马上，立即

hodie 今天

heri 昨天

cras 明天

iam = jam 已经，早就

inde 从此，由此

interdum 有时，偶尔

interim 之间

iterum 再次

mane 早（上）

modo 即刻，刚才，不久

modo...modo 一时……一时

nondum 还没有，尚未

non iam 已经不，不再

nunc 现在，此时

nuper 近来

olim 曾经，以前，昔日

postea 以后

postremo 最后

postridie 第二天

pridie 前一天

primo 开始时

primum 首先，第一次

primum...tum (deinde) 先……后

quando 何时？某时候

quondam 那时，曾经

saepe (saepius) 经常，屡次（更多次）

semper 始终，一直

sero 晚，太迟

statim 立即，马上

subito 突然

tandem 终于，果然

tum 那时，就

umquam 何时，什么时候

numquam 从来没有，从不

nonnumquam 有时候

副词：表示方式

aegre 不甘愿地

aeque 同样地，平静地

aliter 另样地

bene 好地，恰当地

clam 秘密地

coram (publico) 公开地

ita 这样

libenter 情愿地

male 坏地

nequaquam 以任何方式都不

palam 公开地

praesto 在场地

quemadmodum 以何方式

secus 另外，少

sic 这样，如此

sicut 正如，如同

simul 同时

tamquam 正如

temere 偶然地，冒失地，不知所为地

una (cum) 一同（与）

velut(i) 如同，比如

副词：表示因果关系

cur 为什么

ergo 因此，所以

idcirco 因此，因而

ideo 因此

igitur 因此

inde 从此

itaque 所以

item 同样，也

praeterea 另外

propterea 因此

quamobrem 由于此事

quare 通过此事

副词：表示程度

adeo 如此地

admodum 颇多

bis 两次

circiter　大约

fere, ferme　似乎，约

longe　多

magnopere　很

magis, maxime　更多地，最

minus, minime　少地，最少

modo　仅仅

multo (+comp.)　差多地

multum　多，很，经常

nimis, nimium　太多，过分

omnino　全部

paene　似乎

partim　部分地

parum　太少地

paulatim　逐渐地

paulo (ante, post)　稍（前，后）

paulum　稍微

plerumque　大多

plus, plurimum　更多，最多

potius, potissimum　宁愿，主要

praesertim　尤其是

prope　似乎

quam　比，如

maior quam　比……大

quam celerrime　尽可能快

quanto　（差）多少

quantum　多少

satis　足够

satis multi　相当一些

semel　一次

semi-　半

tam　这样（多）

tanto　以这样多

tantum　仅仅

ter　三次

valde　很，非常

vix　似乎没有

副词：表示确定性

certe, certo　肯定，一定

fortasse　也许

frustra　徒劳地，无用地

haud　不，似乎没有

immo　的确

ne...quidem　连……不

nihilo minus　然而更……

non 非

non nisi   除非

plane   明显

profecto   确实

quidem   然而

quin etiam   甚至于

sane   确实

scilicet   当然，就是说

tamen   仍然

utique   确实

vero   完全，然而，但是

verum   但是，却

videlicet   显然，就是

小品词

an   难道？是否？

an ignoras?   你难道不知道？

-ne   是否？不是吗？

nonne   岂不？难道不？

num   岂？

quin   为何不？

utinam   但愿……

utrum...an (ne...an)   是……还是？

utrum...necne 是否……还是？

加宾格的介词

ad 于，到，向，朝，约

ad Romam 到罗马，在罗马附近

Ad trecentos effugerunt. 约 300 个逃跑了。

adversus, adversum 反，对面

adversus Romanos 反对罗马人

ante 前，以前

Hannibal ante portas. 敌临城下。

apud 在于，附近

apud te cenare 与你吃饭

circa, circum 周围，约

circa eandem horam 大约在同样的时刻

contra 反对

contra naturam 违背自然本性

erga 对于，向

pietas erga patriam 对祖国的敬意

extra 外于，外面

extra muros 城墙之外

extra culpam 无罪

inter 之间，在中间

inter vivos 活人之间

intra　之内，以内

intra muros　城墙之内

intra centum　一百以内，不到一百个

ob　对于，由于

quam ob rem　由于这件事，因此

per　通过，穿过

per angusta ad augusta　历经艰难，终达辉煌

per deos jurare　以神之名发誓

post　之后，后面

praeter　之外，除外

praeter te　除你之外

praeter consuetudinem　违背习惯

prope　近于

prope lucem　黎明时

propter　由于，近于

propter metum　由于恐惧

secundum　按照

secundum ordinem　按秩序

secundum naturam　顺着自然本性

super　在上，上面

super vires　超过力量

supra　在上

supra modum　格外

trans 对面，跨过

trans montem 在山那一边

加夺格的介词

a, ab, abs 从，由，离

ab antiquo 从古以来

a patre 从父亲

a patre missus （由）父亲派遣的

cum 与，一由，伴随

mecum = cum me 与我一起

Dominus vobiscum. （愿）主与你们同在。

cum bona pace 平静地

de 从，由于，往下，关于

de die in diem 日复一日地

ea de causa = de ea causa 由于此原因

e, ex 由，从，出

statua ex marmore facta 大理石作的雕像

magna ex parte 大部分地

ex senatus consulto 根据元老院的决定

prae 前面，先于，由于

prae gaudio 由于快乐

pro 为了，代替

pro libertate 为了自由

pro consule　代替执政官

sine　无，非

sine dubio　无疑地

加宾格或夺格的介词

in +acc.　到，入

in Italiam　到意大利

in personam　针对某人，人身攻击

in medias res　针对要害，谈正题

In filium severus est.　他对儿子严格。

in +abl.　在里面，于……中

in situ　在处境中

In medio stat virtus.　美德在中间。

sub +acc.　在下，向，接近

sub noctem　到了晚上，入夜时

sub orientem　向东方

sub +abl.　下面，底下

sub silentio　在保密的条件下

Nil novi sub sole.　太阳之下绝无新事。

连词

ac, atque　和，与

antequam　在……之前

at 然而

aut 或者，或

aut...aut 或……或

autem 然而，却

cum (+ ind.) 当……时，每当

cum...tum 如果……特别

cum (+subj.) 当，因为，虽然

dum 当，到，同时

enim 就是，却

et 与，和，也

et...et 既……又

etenim 即是，确实

etiam 也，仍，还有

etiamsi 甚至如果

etsi, tametsi 虽然

nam 因为，就

ne 为了不，以免

nec, neque 也不，并且没有

neque enim 因为也不

neque...neque 既非……也不

neve (neu) 也不

nisi, ni 除非

non modo...sed (etiam) 不仅……但也

non solum...sed 不仅……但也

posteaquam, postquam 从此，之后

priusquam 之前

quamquam 虽然，尽管

quasi (+ subj.) 好像，如同，似是

-que 和，与

quia 因为，由于

quin 为了，没有

quoad 直到，当……时

quod 因为，即（事实）

quominus 以避免，为了不

quoniam 因为

quoque 也，而且

sed 但，却

non solum sed etiam 不仅……但也

si 如果，假如

simul, simulatque 一旦

sive (seu) 或者，如果

sive...sive 或……或

ubi (primum) 一旦

ut (+ind.) 如何，如同，一旦

ut (+subj.) 为了，以便，即使

-ve 或

vel 或，比如

vel...vel 或……或

词汇表二（动词、名词、形容词）

A

abeo, -ire 见 ire

accuso, -are 见 causa

acer, acris, acre, (gen:acris) 尖锐的，猛烈的

acies, -ei, f. 锐气，交战，军队

acerbus, -a, -um, [E: acid] 辛酸的，粗暴的

adhibeo, -ere 见 habeo

adipiscor, -i, adeptus sum 获得，争取，占有

admiror, -ari 见 mirus

adversus 见 verto

aedes, -is, f. 神庙，大殿

aedes, -ium, f., pl. 房子

aedifico, -are, -vi, -tum, [E: edify] 建立

aequus, -a, -um, [E: equal] 平均的，公平的，平等的

iniquus, -a, -um, [E: iniquity] 不平等的，不顺的

adaequo, -are, -vi, -tum 使平等，比较

aes, aeris, n., [E: iron] 铜，铁，钱

aestimo, -are, -vi, -tum 估算，评价

magni aestimare 高估，尊敬

existimo, -are, -vi, -tum 估计，认为

aestas, -atis, f. 夏天，热的天气

aetas, -atis, f 一辈，时代

afficio, -ere 见 facio

ager, agri, m., ［E: agriculture］ 农田，领域

ago, agere, egi, actum, ［E: act］ 做出，行动，谈判

cogo, cogere, coegi, coactum 完成，强迫

agito, -are, -avi, -atum ［E: agitate］ 勉强，强行，激起

cogito, -are, -avi, -atum 思考，谋略

agmen, -minis, n. 行列，军队

aggredior, -gredi 见 gradus

aio, ais, ait, aiunt ［neg-are］ 说，声明（形式不多）

alo, alere, alui, altum 哺育，喂，养大

altus, -a, -um ［D: alt］ 高，深

altitudo, -inis, f. ［E: altitude］ 高度，深度

adulescens, -entis, m. 年轻，青年人

adulescentia, -ae, f. 年华，青春期

alienus, -a, -um ［E: alien］ 陌生的，奇异的

alius, -a, -um (gen: alterius) 另一个

amo, amare, -avi, -atum 爱慕，喜欢

amor, -oris, m. ［F: amour］ 爱情，爱，爱神

amicus, -a, -um 可爱的；友人

amicitia, -ae, f., [E: amity]　友谊，朋友关系

inimicus, -a, -um, [E: enemy]　敌对的；敌人

ambitio 见 ire

amnis, -is, m.　河流

amplus, -a, -um [E: ample]　宽阔，重大

angustus, -a, -um, [D: Angst]　狭窄，艰难

anima, -ae, f., [E: animal]　呼吸，生命，灵魂

animus, -i, m., [E: animate]　神志，心灵，气概

animadverto, -ere, -i, -versum　注意，发现，惩罚

annus, -i, m., [F: an, E: annual]　年度，季节

antiquus, -a, -um (ante)　古老的，旧的

aperio, -ire, -ui, -tum [E:open]　打开，开启，揭露

appareo, -ere 见 pario

appello, -are, -avi, -atum　叫，呼唤，称呼

aptus, -a, -um [E: apt]　适当的，准备好的

aqua, -ae, f., [E: aquarium]　水，海水，雨水

arbitror, -ari, -atus sum　想，认为

arbor, -oris, f.　[F: arbre]　树木

arceo, -ere, -ui　抵御，抗拒，强迫

coerceo, -ere, -ui, -itum　保持，控制，强迫

exerceo, -ere, -ui, -itum　练习，实践

exercitus, -us, m.　军队

arx, arcis, f.　堡垒，山顶，顶点

arcesso, -ere, -ivi, -itum　招来，获得

argentum, -i, n.,［F: argent］　银子，银钱

arguo, -ere, -ui, -utum　表明，控告，争辩

arma, -orum, n., pl.,［E: army］　工具，武器，军事

ars, artis, f.［E: art］　技能，手艺，知识领域

artificium, -ii, n.,［E: artificial］　手工品，艺术品

arx, arcis f. 见 arceo

ascendo, -dere, -di, -sum　走上去，上升

descendo, -dere, -di, -sum　走下去，下降

asper, -era, -erum,　粗糙的，强烈的

attingo, -ere 见 tango

auctor, -oris, m. 见 augeo

audeo, -dere, -sus sum　敢于，敢做

audax, -acis, (adv: audacter)　勇敢的，无畏的

audacia, -ae, f.,［E: audacity］　勇气，大胆，蛮横无理

audio, -ire, -ivi, -itum　听见，倾听，审问

auris, -is, f.,［E: ear］　耳朵

augeo, -gere, -xi, -ctum　增加，扩大

auctor, -oris, m.,［D: Autor］　保证人，创办者，作者

auctoritas, -atis, f.［E: authority］　权力，声望，影响力

auxilium, -ii, n.,［E: auxiliary］　协助

auxilia, -orum, n., pl.　援军

auris, -is, f. 见 audio

aurum, -i, n., ［F: Orleans］ 黄金

auxilium, -i, n. 见 augeo

avaritia, -ae, f., ［F: avare］ 贪婪，吝啬

avus, -i, m. 祖父，祖先

B

beatus, -a, -um, ［E: beatitude］ 幸福的

bellum, -i, n., ［E: belligerent］ 战争

beneficium, -i, n. 见 facio

bonus, -a, -um (adv: bene) 好的；好人

bonum, -i, n. 东西，财产，价值

melior, -ius, (gen: melioris) 更好的

optimus, -a, -um, ［E: optimism］ 最好的，最佳的

optimi, -orum, m., pl. 贵族派，爱国者

brevis, -e, ［E: brief］ 短小的，不久的

C

cado, cadere, cecidi, casum 落下，衰败，遇到

casus, -us, m. ［E: case］ 案件，偶然事件

accido, -cidere, -cidi ［E: accident］ 落下，碰到，发生

accidit （某事）发生

concido, -cidere, -cidi 落到一起

occasio, -onis, f. ［EF: occasion］ 机会，事故

occido, -cidere, -cidi, -casum 落下，沉下

sol occidens 日落（处），西方

caedo, caedere, cecidi, caesum 砍下，打倒，杀死

caedes, -is, f. 杀戮，屠杀

occido, -cidere, -cidi, -cisum 推倒，杀害，折磨

caelum, -i, n., ［F: ciel］ 高天，空气，天堂

calamitas, -atis, f., ［E: calamity］ 灾难，不幸事件

incolumis, -e 安然无恙的

campus, -i, m., ［E: camp］ 田地，草坪，空地

capio, capere, cepi, captum 拿，夺取，抓获

accipio, -cipere, -cepi, -ceptum 承纳，接受

excipio, -cipere, -cepi, -ceptum 采纳，排除

incipio, -cipere, -cepi, -ceptum 开始，着手进行

occupo, -are, -avi, -atum 占据，占领

praecipio, -cipere, -cepi, -ceptum 先取，开始，规定

praeceptum, -i, n., ［E: precept］ 规则，教导

recipio, -cipere, -cepi, -ceptum 接受

suscipio, -cipere, -cepi, -ceptum 承担，接纳

princeps, -cipis, m., ［E: prince］ 第一个，君主

principium, -ii, n., ［E: principle］ 开端，原理，本源

caput, capitis, n. ［E: capital］ 头，顶点，首长，首都

capitis accusare (damnare) 告死罪（判罪刑）

anceps, -cipitis 两面的，不确定的

praeceps, -cipitis   陡的，危险的

careo, -ere, -ui, (+abl)   缺少，丧失，放弃

pecunia carere   缺钱

carmen, -minis, n.   诗，歌，格言

carus, -a, -um, [E: care]   珍贵的，亲爱的

castra, -orum, n., pl., [E: castle]   军营，堡垒

causa, -ae, f. [E: cause]   原因，事件，法案

accuso, -are, -avi, -atum   控告

caveo, cavere, cavi, cautum   警惕，预防

Cave, ne cadas!   注意，不要跌倒！

cedo, cedere, cessi, cessum   行走，离开，让步

accedo, -cedere, -cessi, -cessum   走近，进入

concedo, -cedere, -cessi, -cessum   让步，承认

Concedo me erravisse.   我承认我错了。

decedo, -cedere, -cessi, -cessum   离开，走下去

discedo, -cedere, -cessi, -cessum   离开，分道扬镳

excedo, -cedere, -cessi, -cessum   出走，离开，越过

procedo, -cedere, -cessi, -cessum   出来，往前走

succedo, -cedere, -cessi, -cessum   向前去，接替，顺遂

necesse est   是必然的，必须

necessarius, -a, -um, [E: necessary]   必须的，亲戚的

necessitas, -atis, f.   必须的事，命运

celebro, -are, -avi, -atum   共同去，庆祝

celer, -eris, -ere, (gen: celeris)　迅速的

censeo, -ere, -ui, -sum　考虑，认为，决定

centum［E: percent］　一百（无变格）

ducenti, -ae, -a　二百

cerno, cernere, crevi, cretum　辨别，决定，认出

certus, -a, -um,［E: certain］　肯定的，确切的

incertus, -a, -um　不确定的

certo, -are, -avi, -atum［E: concert］　竞争，奋斗

certamen, -minis, n.　竞赛，比赛

decerno, -cernere, -crevi, -cretum　决定，命令

ceterus, -a, -um,［E: etcetera］　其他

ceteri, -ae, -a　其他的（复数）

cingo, cingere, cinxi, cinctum　佩戴，包围

civis, -is, m.,［E: civil］　公民，城民，居民

civitas, -atis, f.,［E: city］　城市，国，公民权利

civilis, -e,［E: civilization］　公民的，公开的

clamo, -are, -avi, -atum　喊叫，宣布，呼求

clamor, -oris, m.　叫声，喧哗

concilium, -ii, n.　联系，聚会，会议

clarus, -a, -um,［E: clear］　光亮的，明显的，出名的

praeclarus, -a, -um　杰出的，灿烂的

declaro, -are, -avi, -atum　宣布，声明

classis, -is, f.　队伍，海军，阶层

claudo, claudere, clausi, -sum 关闭，包围，结束

includo, -cludere, -clusi, -clusum 关闭在内

cliens, -entis, m., [E: client] 食客，随从

cohors, -hortis, f. 大队（约 600 士兵）

colo, colere, colui, cultum 耕种，培养，崇拜

incolo, -colere, -colui, -cultum 居住

cultus, -us, m., [E: culture] 耕种，照顾，修养，尊敬

colligo, -ere 见 lego

collis, -is, m 丘陵，小山

colloco, -are 见 locus

comes, -itis, m. 见 ire

comitia, -ae, f. 见 ire

communis, -e 见 munus

comparo, -are 见 par

comprehendo, -dere, -di, -sum 掌握，理解

reprehendo, -dere, -di, -sum 驳斥，谴责

conor, conari, -atus sum 试图，尝试

concordia, -ae, f. 见 cor

condo, -dere, -didi, -ditum 奠定，保存

condicio, -onis, f. 见 dico

confligo, -fligere, -flixi, -flictum 相遇，碰撞，交战

coniungo, -ere 见 iungo

consuesco, -escere, -evi, -etum 适应，习惯于

consuetudo, -inis, f. 习惯，风俗

consulo, -sulere, -sului, -sultum 征求意见，讨论

oraculum consulere 占卜神谕

consul, -ulis, m. 执政官

consulatus, -us, m. 执政官的职位，任期

consularis, -e 属于执政官的

consilium, -ii, n. 会议，意向

contemno, -nere, -tempsi, -ptum 蔑视，不关心

contendo, -ere 见 tendo

contineo, -ere 见 tendo

continuus, -a, -um 见 tendo

contingo, -ere 见 tango

copia, -ae, f. 见 ops

cor, cordis, n. ［E: cordial］ 心，感情，理智

concordia, -ae, f. 和谐

misericordia, -ae, f. 同情，慈悲心

cornu, -us, n. 头角，角形事物

corpus, -poris, n., ［E: corporal］ 身体，肉躯，团体

creber, -bra, -brum 稠密的，众多的

crebro 多次，屡次

credo, -dere, -didi, -ditum 相信，借出，认为

incredibilis, -e ［E: creed］ 不可信的

cresco, crescere, crevi, cretum 长大，成为，增多

crimen, -minis, n. [E: crime] 指责，犯罪行为

crudelis, -e, [E: cruel] 残酷的，无情的

culpa, -ae, f. [E: culpable] 过失，罪责

cultus, -us, m. 见 colo

cunctus, -a, -um 全部的

cuncti, -ae, -a 一切，全部

cupere, cupivi, cupitum 渴望，追求

cupidus, -a, -um 贪婪的，渴望的

cupiditas, -atis, f., [E: cupidity] 欲望

cura, -ae, f., [E: care, cure] 照顾，培育，医疗

curo, -are, -avi, -atus 关心，照顾，医治

curia, -ae, f. 元老院会议厅，市政府

curro, currere, cucurri, cursum 奔跑，赛跑，流动

cursus, us, m. [E: course] 赛跑，路线，进程

concurro, -currere, -curri, -cursum 跑到一起，相撞

concursus, -us, m. （多人的）汇集，冲击

occurro, -currere, -curri, -cursum 迎上去，跑向，出现

custos, -odis, m., f., [E: custody] 保卫者

D

damno, -are, -avi, -atum 谴责，审判

dare 见 do

debeo, -ere 见 habere

decem [E: decade] 十（无变格）

duodecim 十二

decimus, -a, -um 第十个

declaro, -are 见 clarus

defendo, -dere, -di, -sum 抗拒，保卫

offendo, -dere, -di, -sum 碰，伤害，得罪

delecto, -are, -avi, -atum 使喜悦，使高兴

deleo, -ere, -evi, -etum 破坏，消灭

desero, -ere, -ui, -tum 离开，放弃，忽视

desidero, -are, -avi, -atum 渴望，期待，要求

desino, -ere 见 sinere

deus, dei, m.; dea, deae, f. 神，神明，女神

divinus, -a, -um, [E: divine] 神奇的，神圣的

divus, -a, -um 属神的，宗教的

dexter, -tra, -trum 右边的，顺利的

dextra, -ae, f. 右边，右手

dico, dicere, dixi, dictum 说，申辩，指定

dicunt 人家说，据说

condicio, -onis, f. [E: condition] 约会，条件，情况

indicium, -ii, n. [E: indicate] 迹象

dies, diei, m., (f) [E: day] 天，时刻

cottidianus, -a, -um 每天的

dignus, -a, -um 有尊严的，有资格的

indignus, -a, -um 不相称的，可耻的

dignitas, -atis, f., [E: dignity] 尊严，资格

diligo, -ere 见 lego

diligens, -ntis 见 lego

disciplina, -ae, f 教导，规律，纪律

disco, discere, didici 学习，了解，学会

Disce litteras Graecas! 研究希腊文献吧！

diversus, -a, -um 见 vertere

dives, divitis (comp: ditior) 富裕的

divitiae, -arum, f. 财富，钱财

divido, -videre, -visi, -visum 分开，分裂

divinus, -a, -um 见 deus

do, dare, dedi, datum 给，交出，赋予

dono, -are, -avi, -atum [E: donate] 赠送，提供

donum, -i, n. 礼物

addo, -dere, -didi, -ditum [E: add] 增加，加上

dedo, -dere, -didi, -ditum 交出，投降

edo, edere, edidi, editum, [E: edit] 给出，生出，创作

reddo, -dere, -didi, -ditum 还给，使成为，翻译

trado, -dere, -didi, -ditum, [E: trade] 交给，传递

vendo, -dere, -didi, -ditum 卖，卖给

mando, -are, -avi, -atum 委托，任命

commendo, -are, -avi, -atum 信任，推荐

doceo, docere, docui, doctum 教练，教导，说明

doleo, -ere, -ui 受苦，感到悲伤

dolor, -oris, m., [F: douleur] 苦楚，疼痛，悲伤

domus, -us, f., [E: dome] 房子，家，故乡

domi; domum; domo 在家，到家，从家

dominus, -i, m.; 家主，主；上主

domina, -ae, f. 女主人

donum, -i, n. 见 do

dubius, -a, -um 见 duo

duco, ducere, duxi, ductum 引导，拉长；认为

dux, ducis, m. 率领者，领导者

adduco, -ducere, -duxi, -ductum 引进，促成

conduco, -ducere, -duxi, -ductum 拉到一起，租赁

deduco, -ducere, -duxi, -ductum 拉走，引出，演绎

educo, -ducere, -duxi, -ductum 引出，带走，培养

induco, -ducere, -duxi, -ductum 引入，引诱，归纳

produco, -cere, -xi, -ctum 抽出，拿出，提供

reduco, -cere, -xi, -ctum, [E: reduce] 引回，带到

traduco, -cere, -xi, -ctum 带领过去，转变为

dulcis, -e 甘甜的，可爱的

duo, -ae, -o, [E: two, dual] 两个

dubius, -a, -um 可疑的，不定的

dubit-o, -are, -avi, -atum, [E: doubt] 怀疑

durus, -a, -um, [D: Dur] 坚硬的，难受的

dux, ducis, m. 见 duco

E

officio, -ere 见 facio

egeo, egere, egui, (+gen, abl) 缺乏，没有，需要

egregius, -a, -um 杰出的

emo, emere, emi, emptum 取得，购买

adimo, -imere, -emi, -emptum 夺取，拿走

exemplum, -i, n., [E: example] 样品，例子，形式

praemium, -ii, n. 好处，赏报

promptus, -a, -um, [D: prompt] 预备好的，决定的

sumo, sumere, sumpsi, sumptum 拿来，夺取

consumo, -ere, -psi, -ptum 使用，消耗

sumptus, -us, m., [E: sumptuous] 费用

eo, is, it, imus, itis, eunt 见 ire

epistula, -ae, f., [E: epistle] 书信，寄语

equus, -i, m. 马，战马

eques, equitis, m., [E: equestrian] 骑马者，骑兵

equitatus, -us, m. 骑士阶层

erro, -are, -avi, -atus, [E: error] 弄错，迷路，徘徊

sum, esse, fui, futurus 是，有，存在

absum, abesse, afui 缺席，缺少

absens, -entis,［E: absent］ 不在，缺少

adsum, adesse, afui 在场，协助

desum, deesse, defui 缺乏，需要

intersum, -esse, -fui,［E: interest］ 插进，参与

praesum, praeesse, praefui 指导，领导

praesens, -entis,［E: present］ 在场，临在

prosum, prodesse, profui 有用，有利于

supersum, -esse, -fui 是多余的，超过

possum, posse, potui,［E: potency］ 能够，有权力

excito, -are, -avi, -atum 惹起，发动

incito, -are, -avi, -atum,［E: incite］ 推动，激起

recito, -are, -avi, -atum,［E: recite］ 宣读

sollicito, -are, -avi, -atum 困扰，激起，请求

exemplum, -i, n., 见 emo

exerceo, -ere 见 arceo

exilium, -ii, n.［E: exile］ 流放，充军地点

experior, -iri 见 periculum

exploro, -are, -avi, -atum 探察，寻得，尝试

ex(s)tinguo, -guere, -xi, -ctum 熄灭，消灭

exterus, -a, -um, (=externus) 外面的，外来的

extremus, -a, -um,［E: extreme］ 最远的，末端的

F

fabula, -ae, f. 见 fas

facio, facere, feci, factum 做，完成，产生

factum, -i, n., [E: fact] 行动，事实

facinus, facinoris, n. 事迹，罪行

facilis, -e, [F: facile] 容易的，轻易的

difficilis, -e, [E: difficult] 艰难的，复杂的

facultas, -atis, f., [E: faculty] 可能性，能力

afficio, -ficere, -feci, -fectum （强）加给，使遭受

conficio, -ficere, -feci, -fectum 造成，结束，完成

deficio, -ficere, -feci, -fectum 减少，缺乏

efficio, -ficere, -feci, -fectum 产生，完成，影响

perficio, -ficere, -feci, -fectum 完成，实现

perfectus, -a, -um, [E: perfect] 完成的，完美的

reficio, -ficere, -feci, -fectum 再次造成，恢复

proficiscor, -ficisci, -fectus sum 起程，走向，迈进

beneficium, -ii, n., [E: beneficial] 优待，有益的事

fallo, fallere, fefelli, falsum 欺骗，使落空

falsus, -a, -um, [E: fail, false] 虚伪的，假的

fama, -ae, f. 见 fas

familia, ae, f., [E: family] 家庭，家族

familiaris, -e 家庭的，熟悉的

fas, n. （无变格）天意，神权，正义

nefarius, -a, -um, [E: nefarious]　邪恶的，不义的

fatum, -i, n., [E: fate]　神的预言，命运

fama, -ae, f., [E: fame, famous]　流言，名誉

fabula, -ae, f., [E: fable]　故事，寓言，空话

fateor, fateri, fassus sum, [E:confess]　表白，承认，显示

infans, -ntis, (fari non potest)　婴儿的；婴孩

fero, ferre, tuli, latum　携带，移动，进行

sententiam ferre　投票

aegre (=moleste) ferre　不乐意地接受，忍受

fortuna, -ae, f., [E: fortunate]　好运气

fors, fortis, (abl: forte)　偶然地，碰巧

affero, afferre, attuli, allatum　带来，加给

aufero, auferre, abstuli, ablatum　带走，拿取

confero, -ferre, -tuli, collatum　汇集，比较

se conferre　走到，去

defero, -ferre, -tuli, -latum　运送，传递

differo, differre, distuli, dilatum　有差别，推迟

effero, efferre, extuli, elatum　带出来

infero, inferre, intuli, illatum　带进去，加给

iniuriam inferre　带来损失

offero, offerre, obtuli, oblatum　提供，奉献

perfero, -ferre, -tuli, -latum　传送，完成，进行

legem perferre 执行法律

profero, -ferre, -tuli, -latum 带出，带走

refero, referre, rettuli, relatum 传送，报告

suffero, sufferre, sustuli, sublatum 放在下面，忍受

transfero, -ferre, -tuli, -latum 转移，传送，抄写

ferrum, -i, n., [F: fer] 铁，武器，剑

ferox, ocis, [E: ferocity] 猛烈的，强硬的

fides, -ei, f., [E: fidelity] 忠诚，信靠，保证

fidelis, -e 忠实的；信徒

fieri 见 fio

confido, -fidere, fisus sum 信任，相信

foedus, -deris, n. [E: federal] 盟约，契约

filius, -i, m.; filia, -ae, f. 儿子；女儿

fingo, fingere, finxi, fictum 塑造，捏造，设想

finis, -is, m., [F: fin] 界限，目标，终点

fines, -ium, m., pl., [E: definition] 地域，区域

finitimus, -a, -um 临近的，邻居的

fio, fieri, factus sum 被作，成为，发生

fieri potest, ut 可能会发生

firmus, -a, -um, [E: firm] 坚定的，可靠的

infirmus, -a, -um, [F: infirmerie] 弱的，患病的

firmo, -are, -avi, -atum 强化，鼓励

confirmo, -are, -avi, -atum 加强，证实

flagitium, -ii, n. 可耻行为

flamma, -ae, f., [E: flame] 火焰, 爱火, 爱人

flecto, flectere, flexi, flexum 扭曲, 使转向

floreo, -ere, -ui, [F: fleur] 开花, 繁荣, 出名

fluo, fluere, fluxi, fluctum 流出, 过去, 垂下

fluctus, -us, m., [E: fluid] 水流, 骚动

flumen, -minis, n. 河流, 液体

foedus, -eris, n. 见 fides

forma, -ae, f., [F: forme] 形象, 外观, 美貌

fortis, -e, [F: fort; E: force] 坚强的, 勇敢的

fortuna, -ae, f. 见 fero

forum, -i, n., [F: foire] 市场, 集议场, 政治生涯

fossa, -ae, f., [D: Fossil] 沟, 渠

frango, frangere, fregi, fractum 破, 折断

frater, -tris, m., [F: frere] 弟兄

fraus, fraudis, f., [E: fraud] 欺骗, 诡计, 损害

frequens, -entis, [E: frequent] 经常的, 屡次的

frigus, -oris, n., [E: refrigerator] 寒冷, 冷度

fruor, frui, fructus sum, (+abl) 享受, 使用

vita frui 享受生活

fructus, -us, m. [E,F: fruit] 果子, 成果

frumentum, -i, n. 谷物, 麦子

fugio, fugere, fugi, fugitum 逃走, 避免

fuga, ae, f., [E: refuge]　逃跑，逃亡

effugio, -fugere, -fugi　逃脱，逃离

fundo, fundere, fudi, fusum　倾出，流出，播散

funus, -eris, n. [E: fueral]　丧礼，死亡

furor, -oris, m. [E: furious]　疯狂，愤怒

furtum, -i, n. [E: furtive]　偷窃行为，诡计

G

gaudeo, gaudere, gavisus sum　欢乐，喜悦，享受

genus, -eris, n. [E: gene]　来源，民族，种类

gens, gentis, f. [E: gentry]　家族，种族

ingenium, -ii, n., [D: Genie]　天赋，才华

(g)nascor, nasci, natus sum　诞生，产生，出现

summo loco natus　出身于皇家贵族

natio, -onis, f.　民族，种族

natura, -ae, f.　自然，本性

gero, gerere, gessi, gestum　携带，施行，完成

bellum (rem) gerere [E: belligerent]　作战（作事）

gladius, -ii, m., [E: gladiator]　剑

gloria, -ae, f., [E: glory]　荣誉，光耀

gradus, -us, m., [E: grade]　脚步，步骤，阶层

aggredor, -gredi, -gressus sum　走近，迈进，攻击

egredior, -gredi, -gressus sum　出去，动身，离开

ingredior, -gredi, -gressus sum   进入，投入，开始
progredior, -gredi, -gressus sum   往前走，迈进
grandis, -e,［E: great］   伟大的
gratia, -ae, f.,［E: grace］   欢乐，恩惠，谢意
gratias agere［E: say grace］   表示感谢
in gratiam redire cum amico   与朋友和好
gratus, -a, -um,［D: gratis］   愉快的，感激的
gravis, -e［F: grave］   沉重的，严肃的
gravitas, -atis, f.,［E: gravitation］   重荷，庄严，尊容

H

habeo, -ere, -ui, -itum   拥有，保持
habito, -are, -avi, -atum   居住
adhibeo, -ere, -ui, -itum   引入，适用
prohibeo, -ere, -ui, -itum,［prohibit］   抓住，阻碍
debeo, -ere, -ui, -itum,［E: debt］   欠，应该，必须
praebeo, -ere, -ui, -itum,［E: prove］   献给，表示
fortem se praebere   表现自己很勇敢
hiems, hiemis, f.   冬季，冬天
homo, -inis, m.,［F: homme］   人，男人
humanus, -a, -um,［E: human］   属人的，仁慈的
humanitas, -atis, f.,［E: humanity］   人情，仁爱，修养
honor, -oris, m.   荣誉，公职，奖励

honestus, -a, -um, [E: honest] 诚实，可敬的，光荣的

hora, -ae, f., [E: hour] 小时，时刻

horreo, -ere, -ui, [E: horror] 害怕，战栗，耸立

hortor, hortari, hortatus sum 劝勉，迫使，要求

hospes, -pitis, m., [E:hospital] 客人；房主

hostis, -is, m., [E: hostile] 陌生人，敌人

humanus, -a, -um 见 homo

humus, -i, f., [D: Humus] 土地，土壤

humilis, -e, [E: humility] 卑微的，低的

humi 在地上

I

iaceo, iacere, iacui, (=jaceo) 躺下，睡，倒下

iacio, iacere, ieci, iactum, (=jacio) 扔，投，表示

conicio, -icere, -ieci, -iectum, (=-jicio) 扔到一起，猜测

obicio, -icere, -ieci, -iectum, (=-jicio) 迎上扔，放在前面

subicio, -icere, -ieci, -iectum, (=-jicio) 克服

traicio, -icere, -ieci, -iectum, (=-jicio) 跨过去，穿透

iacto, -are, -avi, -atum, (=jacto) 掷，屡次投

se iactare 夸耀自己

idoneus, -a, -um 合宜的，适合的

ignis, -is, m., [E: ignition] 火

ignoro, -are 见 nosco

illustris, -e 见 lux

imago, -inis, f., [E: image]　形象，画图

impedio, -ire 见 pes

impero, -are, -avi, -atum　命令，规定

imperium, -ii, n., [E: empire]　命令，统治（权）

imperator, -oris, m.　将军，皇帝

impetro, -are, -avi, -atum　求得，要求

inanis, -e　无用的，空虚的

incendo, -dere, -di, -sum　点燃，烧毁

incendium, -ii, n.　火灾

incito, -are 见 excito

includo, -ere 见 claudo

indicium, -ii, n. 见 dico

infans, -ntis 见 fas

ingenium, -ii, n. 见 genus

ingens, -entis　巨大的，庞大的

ingredior, -gredi 见 gradus

iniquus, -a, -um 见 aequus

initium, -i, n. 见 ire

inopia, -ae, f. 见 ops

inquit　他说了（无变位）

instituo, -ere 见 stare

insula, -ae, f., [E: insular]　海岛

integer, -gra, -grum 见 tango

intellego, -ere 见 lego

interior, -ius　内部的

intimus, -a, -um, [E: intimate]　最内的，里面的

invidia, -ae, f. 见 video

invitus, -a, -um 见 volo

ira, -ae, f., [E: irascible]　愤怒，怒火

eo, ire, ii, itum　行走，去

equo ire　骑马

abeo, -ire, -ii, -itum　离开，去世

adeo, -ire, -ii, -itum　走进，探访

aditus, -us, m.　进路

exeo, -ire, -ii, -itum　出去，搬迁

exitus, -us, m., [E: exit]　出路，离开

intereo, -ire, -ii, -itum　沉下去，死去

pereo, -ire, -ii, -itum [E: perish]　去世，消亡

praetereo, -ire, -ii, -itum　经过，错过

tempus praeteritum　过去的时间

redeo, -ire, -ii, -itum　回去，返回

reditus, -us, m.　回路，返回

subeo, -ire, -ii, -itum　靠近，承担

periculum subire　接受危险情况

transeo, -ire, -ii, -itum,　走过去，渡过

ambitio, onis, f., [E: ambition]　谋职位，雄心

comes, comitis, m., f.　同行者，伴侣

comitia, -orum, n., pl.　公民大会

initium, -ii, n., [E: initiative]　开端，开始

iter, itineris, n., [E: itinerary]　道路，旅途

iter facere　走路

praetor, -oris, m.　总督，高级官员

praetura, -ae, f　总督任期

iubeo, -ere, -ssi, -ssum, (=ju-)　命令，指令

Faciunt quod iussi sunt.　他们完成命令。

iucundus, -a, -um (=ju-)　见 iuvo

iudicare, -atus (=ju-)　见 ius

iungo, iungere, iunxi, iunctum　结合，联系

pacem iungere cum, [E: join]　与……建立和平

adiungo, -gere, -xi, -ctum, (=adju-)　结合

coniungo, -gere, -xi, -ctum　联结

coniunx, -iugis, f., (m.)　配偶，伴侣

iugum, -i, n., (=ju-), [E: yoke]　轭

ius, iuris, n., (=jus)　法律，正义，权利

ius iurandum, (=jus jurandum)　誓言

iudico, -are, -avi, -atum (=judico)　判断，认为

iudicium, -ii, n., (=ju-)　意见，判断，法庭

in iudicium vocare　控告

iudex, iudicis, m., (=ju-), [E: judge] 审判员，法官

iniuria, -ae, f., (=injuria) 不义，损失

iustus, -a, -um, (=ju-), [F: juste] 正义的（人）

iuro, -are, -avi, -atum, (=juro) 发誓

coniuratio, -onis, f., [E: conjure] 阴谋

iuvo, iuvare, iuvi, iutum, (=ju-) 协助，使愉快

adiuvo, -iuvare, -iuvi, -iutum 协助，有助于

iucundus, -a, -um, (=ju-), [E: joke] 舒服的，使人高兴的

iuvenis, -is, m., (=ju-) 青年，年轻人

iuventus, -utis, f., (=ju-) 青年时代，青春期

J 见 I

ja- = ia-

ju- = iu-

K 见 C

L

labor, -oris, m., [E: labour] 劳动，成果，折磨

laboro, -are, -avi, -atum 工作，受苦，努力

lacrima, -ae, f. 眼泪

laedo, -dere, -si, -sum 碰击，毁坏，伤害

laetus, -a, -um 高兴的，吉祥的

laetor, -ari, -atus sum　感到高兴

latus, lateris, n.［D: bilateral］　旁边，侧面

laus, laudis, f.,［E: laudable］　赞美，荣誉，颂词

laudo, -are, -avi, -atus　赞扬，夸奖

lavo, -are, lavi, lautum　洗，洗澡

legatus, -i, m. 见 lex

lego, legere, legi, lectum　搜集，筛选，阅读

legio, -onis, f.　（精选的）兵团

colligo, -ligere, -legi, -lectum　搜集，精选

collega, -ae, m.,［E: colleague］　同事

deligo, -ligere, -legi, -lectum　选择

neglego, -legere, -lexi, -lectum　不关心，忽略

diligo, -ligere, -lexi, -lectum　尊敬，珍惜

diligens, -entis,［E: diligent］　谨慎的，仔细的

diligentia, -ae, f.［E: diligence］　精心，认真的态度

intellego, -legere, -lexi, -lectum　认出，理解，领会

lenis, -e,［E: lenient］　温和的，缓慢的

levis, -e,［E: light］　轻快的，不重要的

levo, -are, -avi, -atum［F: lever］　使轻，提高

lex, legis, f.,［F: loi, E: law］　法律，法条

legatus, -i, m.　使者

legatio, -onis, f.,［E: delegation］　使团

liber, -era, -erum,［E: deliver］　自由的

libero, -are, -avi, -atum 释放，解放

libertas, -atis, f., [E: liberty] 自由权利

liber, -bri, m., [F: livre] 文件，书卷，书本

liberi, -orum, m., pl. 孩子们

libido, -dinis, f. 欲望

licet, licuit, [E: licence] （它）被允许，可以

lingua, -ae, f., [F: langue] 舌头，语言

littera, -ae, f., [E: letter] 字，字母

litterae, -arum, f., pl., [E: literature] 写的字，信，知识

litus, -oris, n., 河岸

locus, -i, m., [E: locality] 地点，地方

loca, -orum, n., pl. 地区

loco, -are, -avi, -atum 排放，安置

domum locare 将房子租出

colloco, -are, -avi, -atum 安排，从事于

longus, -a, -um, [E: long] 长的，宽大的

loquor, loqui, locutus sum 说，讲话

colloquor, -qui, -cutus sum 谈话，讨论

ludo, ludere, lusi, lusum 玩耍，戏弄，欺骗

ludus, -i, m., [E: prelude] 游戏，表演，比赛

lux, lucis, f., [E: lucid] 光明，视力，生命

prima luce 黎明时

illustris, -e, [E: illustration] 光明的，亮的

luxuria, -ae, f., [E: luxury]　繁茂，奢侈

M

magnus, -a, -um, [E: magnify]　大的，重要的

maior, -ius, [E: majority]　更大（的）

maximus, -a, -um　最大（的）

maiores, -um, m., pl.　祖先，前辈

magnitudo, -dinis, f., [E: magnitude]　大小，程度

magistratus, -us, m.　职位，官员

malle 见 volo

malus, -a, -um, [E: malice]　坏的，恶劣的（人）

peior, -ius, [E: pejorative]　更坏的

pessimus, -a, -um, [E: pessimist]　最坏的

mando, -are 见 dare

maneo, -ere, -si, -sum　留下，保持，期待

permaneo, -ere, -si, -sum　持续，保持，继续

manus, -us, f., [F: main]　手，武力，权力

in manus venire　开始交战

mare, maris, n., [D: Meer]　海洋

mare nostrum = mare internum　地中海

mater, -tris, f., [E: mother]　母亲，起源

materia, -ae, f., [E: matter]　建材，材料

maturus, -a, -um, [E: mature]　成熟的，提前的

medius, -a, -um, [E: medium] 中间的，居中的

medio in foro = in medio fori 在市场中间

medium, -ii, n 中心，公开性

mediocris, -e, [E: mediocre] 中等的，庸俗的

melior, -ius 见 bonus

memini, meminisse 纪念（只有完成时）

mens, mentis, f., [E: mind] 心智，念头，意向

moneo, -ere, -ui, -itum 提醒，劝告

monumentum, -i, n., 纪念物

admoneo, -ere, -ui, -itum 提醒，劝勉

memoria, -ae, f., [E: memory] 记忆力，纪念

patrum memoria 在祖先的时代

memoriae tradere 递传到后世

memoro, -are, -avi, -atum 提醒，纪念

commemoro, -are, -avi, -atum 提到

mens, mentis, f. 见 meminisse

mensis, -is, m., [E: month] 一个月

mereo, -ere, -ui, (=mereri) 应受，值得，立功

de re publica bene mereri 为国奉献

meritum, -i, n., [E: merit] 功劳，报酬

merito 有理地，应当地

metus, -us, m. 恐惧

metuo, -ere, -ui 害怕，担忧

miles, militis, m.　士兵，军队

militaris, -e,［E: military］　军事的，军人的

res militaris　军事，国防

militia, -ae, f.　战争，兵役，责任

mille, (pl: milia)　一千（不变格）

ministro, -are, -avi, -atum　侍候，服务

administro, -are, -avi, -atum　管理，照顾

minor, -ari, -atus sum　威胁，恐吓

immineo, -ere,［E: imminent］　逼近，威胁

minimus, -a, -um 见 parvus

minor, -us 见 parvus

minuo, -ere, -ui, -utum　减少，削弱

mirus, -a, -um,［E: miracle］　奇妙的，惊人的

miror, mirari, miratus sum　感到奇异，敬佩

admiror, -ari, -atus sum［E: admire］　诧异，感叹，佩服

misceo, -scere, -scui, -xtum　掺和，使混合

miser, -era, -erum,［E: misery］　可怜的，难堪的

misericordia, -ae, f. 见 cor

mitto, mittere, misi missum　送，派遣，打发

amitto, -mittere, -misi, -missum　放弃，丧失

admitto, -mittere, -misi, -missum　让进去，允许，做

committo, -ere, -misi, -missum　作，进行，委托

scelus committere　［E: commit］　违背法律，犯罪

hospiti epistulam committere 将书信托给客人

dimitto, -mittere, -misi, -missum 派遣，放松，赦免

intermi-tto, -ttere, -si, -ssum 插入，中断

quinque diebus intermissis 五天过了之后

omitto, -mittere, -misi, -missum 放弃，舍弃，忽略

permitto, -mittere, -misi, -missum 派去，放开，允许

praemi-tto, -ttere, -si, -ssum 派到前面，先说

praetermitto, -ere, -misi, -missum 使过去，忽略

promitto, -mittere, -misi, -missum 许诺，答应

remitto, -mittere, -misi, -missum 送回，放松，宽恕

modus, -i, m., [E: mode] 方式，样子

nullo modo 根本不，绝不

commodus, -a, -um 适当的，舒服的

modicus, -a, -um, [E: moderate] 适度的，有节制的

moenia, -ium, n., pl. 城墙，堡垒

munio, -ire, -ivi, -itum 修筑，保卫，巩固

viam munire 铺路，筑路

munitio, -onis, f., [E: ammunition] 战壕，堡垒

murus, -i, m., [D: Mauer] 墙壁，坝，保障

moles, -is, f. 大堆，重量，折磨

molestus, -a, -um, [E: molest] 讨厌的，牵强的

molestia, -ae, f 磨难，不愉快

mollis, -e, [D: Moll] 柔软的，和善的

moneo, -ere 见 meminisse

mons, montis, m., [F: mont] 山丘，大堆，大量

monstro, -are, -avi, -atum 显示，教导

demonstro, -are, -avi, -atum 证明，说明

monumentum, -i, n. 见 meminisse

mora, -ae, f., [D: Moratorium] 耽搁，延迟，停顿

moror, morari, moratus sum 耽搁，推迟，停留

morbus, -i, m., [E: morbid] 疾病，病态

morior, mori, mortuus sum 死去，逝世，凋谢

mors, mortis, f., [F: mort] 死亡，灭亡

mortalis, -e, [E: mortal] 将死的，人

immortalis, -e, [E: immortals] 不死的，神

mos, moris, m., [E: moral] 习惯，风度，规律

moveo, -vere, -vi, -tum 推动，移动，感动

commoveo, -vere, -vi, -tum 推动，发动，催促

removeo, -vere, -vi, -tum 挪开，排除，拿取

motus, -us, m., [E: emotion] 运动，震动，感动

mulier, -eris, f. 妇女

multus, -a, -um, [E: multiply] 多，众多

multi, -ae, -a, (comp: plures) 许多，（更多）

multitudo, -inis, f. 群众，人群

complures, complura 许多的

plerusque, pleraque, plerumque 大部分的

plerique 大多的

munitio, -onis, f 见 moenia

munus, -eris, n. 职责，本分，礼物

communis, -e, [E: common] 共同的，通用的

murus, -i, m. 见 moenia

muto, -are, -avi, -atum 移动，改变，更换

N

nanciscor, -cisci, nactus sum 偶然获得，遇到

narro, -are, -avi, -atum 叙说，讲述，通知

nascor, nasci 见 genus

natio, -onis, f. 见 genus

natura, -ae, f. 见 genus

navis, -is, f., [E: navy] 船，货船，军船

necessarius, -a, -um 见 cedo

nego, -are, -avi, -atum 否定，否认，拒绝

Nego hoc verum esse. 我说这不是真的。

negotium, -ii, n. 见 otium

nimius, -a, -um 很大，过多

nitor, niti, nisus (=nixus) sum 支撑，依靠，努力

nobilis, -e 见 nosco

noceo, -cere, -cui, -citum 造成损失，伤害

pernicies, -ei, f. [F: pernicieux] 毁灭，灾难

nolo, nolle 见 volo, velle

nomen, nominis, n. 〔E: name〕 名字，称呼

nomino, -are, -avi, -atum 称呼

(g)nosco, noscere, novi, notum 知道，了解，认出

novi, novisse (perf) 知道，熟悉

cognosco, -noscere, -novi, -notum 认识，了解，思考

ignosco, -noscere, -novi, -notum 原谅，宽恕

ignoro, -are, -avi, -atum 不知道，不认识

ignarus, -a, -um 无经验的

nobilis, -e, 〔E: nobility〕 有名的，高尚的

nobilitas, -atis, f. 贵族，崇高态度

novem, 〔E: November〕 九（无变格）

novus, -a, -um, 〔E: new〕 新的，新鲜的

homo novus 新贵族，暴发户

nox, noctis, f., 〔E: nocturnal〕 夜，夜间，黑暗

noctu 夜里

nudus, -a, -um, 〔F: nu〕 裸体的，不修饰的

numen, -inis, n., 〔E: nod〕 点头，意愿，神命

numerus, -i, m., 〔E: number〕 数目，行列，地位

nuntius, -ii, n., 〔E: announce〕 使者，信息，通知

nuntio, -are, -avi, -atum 宣告，报告

O

obiectum, -i, n 见 iacere

obliviscor, -sci, oblitus sum 忘记，不注意

obscurus, -a, -um 隐藏的，黑暗的

obses, -sidis, m 见 sedeo

occulto, -are, -avi, -atum 藏起来，隐蔽

occultus, -a, -um, [E: occult] 隐藏的，秘密的

octo, [E: eight, October] 八（无变格）

oculus, -i, m., [F: oeil] 眼睛，眼，视力

odi, odisse, (perf.) 憎恨，讨厌

odium, -ii, n. 仇恨，反感

offendo, -ere 见 defendo

officium, -i, n. 见 ops

omnis, -e, [E: omnipotent] 一切，每一个

omnes, -ia 所有的人，所有的事

onus, oneris, n., [E: exonerate] 担子，负荷，累赘

opinor, -ari, -atus sum 认为，猜测

opinio, -onis, f., [E: opinion] 想法

praeter opinionem 出乎预料

opto, -are, -avi, -atum, [E: option] 选择，希望

oportet, -uit, (impersonal) 应当，必须

oppidum, -i, n. 城镇，堡垒

opportunus, -a, -um 恰好的，顺利的

ops, opis, f. 力量，财力，协助

opes, opum, f., pl. 钱财，资源，武力

opus, operis, n 工作，劳苦，作品

Aqua nobis opus est. 我们需要水。

opera, -ae, f. 工作，辛苦，事务

maxime dare operam 致力于，投入于

officium, -ii, n., [E: office] 任务，职位，服务

in officio esse 任职，服务

copia, -ae, f., [copious] 富饶，财富

copiae, -arum, f., pl. 军队

inopia, -ae, f. 短缺，贫困

optimus, -a, -um 见 bonus

ora, -ae, f. 见 os

orbis, -is, m., [E: orbit] 圆圈，地球

ordo, -inis, m., [D: Ordnung] 排列，次序，等级

in ordinem 按秩序

orno, -are, -avi, -atum, [E: adorn] 提供，装饰，颂扬

ornamentum, -i, n., [E: ornament] 装饰品

orior, oriri, ortus sum 起来，出生，开始

sol oriens [E: Orient] 日出，东方

nobili genere ortus 贵族出身

origo, -inis, f., [E: origin] 来源，出身，祖先

adorior, adoriri, adortus sum 走近，攻击

orno, -are 见 ordo

oro, -are, -avi, -atum 隆重地说，恳求

id te oro 我求你这件事

oratio, -onis, f. 演讲，发言

orator, oris, m. 演讲家，修辞学家

os, oris, n., ［E: oral］ 嘴，口，脸面

ora, -ae, f 河边，海滩

otium, -ii, n. 空闲，安逸，无所事事

negotium, -ii, n., ［E: negotiate］ 事情，工作，业务

P

par, paris, (adv: pariter) 相等的，相称的

comparo, -are, -avi, -atum 配合，比较

paro, -are 见 pareo

parco, parcere, peperci, (+dat.) 节约，省用，免受

tempori parcere 善用时间

pareo, -ere, -ui, ［D: parieren］ 到场，服从

appareo, -ere, -ui, ［E: appear］ 显现，表现出来

pario, parere, peperi, partum 分娩，创造，获得

parens, -entis, m., (f.), ［E: parent］ 父亲，母亲

parentes, -entum, m., pl. 父母

paro, -are, -avi, -atum ［E: prepare］ 准备，打算，获得

bellum parare 准备战争

comparo, -are, -avi, -atum　准备，安排，获得

reperio, reperire, repperi, repertum　重新获得，找到

pars, partis, f.,〔E: party〕　部分，一边

magna ex parte　大部分地

omnibus (in) partibus　在各方面，到处

partes Caesaris sequi　支持凯撒党派

parvus, -a, -um　小的，不多的，年轻的

minor, minus, (superl: minimus)　更小的，最小的

parvi facere = parvi aestimare　小看，轻视

pauci, -ae, -a,〔E: paucity〕　少数的，几个

ut paucis dicam　简单地说

passus, -us, m. 见 pateo

pateo, patere, patui　张开，可通过，显露

patet〔E: patent〕　是明显，显然

passus, -us, m.　步，足迹

mille passus　罗马里（1.5 公里）

pater, -tris, m.,〔F: père〕　父亲，长者，创造人

patres, -trum, m., pl.　祖先

patrius, -a, -um　父亲的，祖国的

patria, -ae, f.,〔F: la patrie〕　祖国，本乡，本城

patior, pati, passus sum　忍受，受苦，允许

patria, -ae, f. 见 pater

pauci 见 parvus

pauper, -eris, [F:pauvre] 贫困的；穷人

pax, pacis, f., [F: paix] 和平，安静

pectus, -oris, n. 心胸

toto pectore 全心地

pecus, -oris, n. 家牲，牲畜

pecunia, -ae, f., [E: pecuniary] 钱，财富

peior, -ius 见 malus

pello, pellere, pepuli, pulsum 打，推，驱逐

expello, -pellere, -puli, -pulsum 驱逐

pendo, -dere, pependi, pensum 悬挂，衡量，付钱

pondus, -eris, n., [E: pound] 重量

perdo, -dere, -didi, -ditum 毁坏，花费，丢失

perditus, -a, -um, [E: perdition] 失掉的，诅咒的

periculum, -i, n. 试验，危险

periculum est, ne 要担心的是

experior, -periri, -pertus sum 尝试，经历而学习

comperio, -perire, -peri, -pertum 仔细体验

perpetuus, -a, -um 见 peto

pes, pedis, m., [E: foot] 足，尺

pedem referre 回去，逃跑

pedes, peditis, m. 步行者，步兵

impedio, -ire, -ivi, -itum 阻碍

impedimentum, -i, n. 障碍

impedimenta, -orum, n., pl. 行李

pessimus, -a, -um 见 malus

peto, -tere, -tivi, -itum 力图，要求，走向

oppidum petere 走向城市

librum ab amico petere 要朋友给一本书

petitio, -onis, f., [E: petition] 申请

impetus, -us, m. 冲击，进攻力

appeto, -ere, -ivi, -itum [E: appetite] 渴求，攻打

repeto, -ere, -ivi, -itum [E: repeat] 带回，重获，回忆

perpetuus, -a, -um, [E: perpetual] 不断的，永久的

pietas, -atis, f., [E: piety] 责任感，虔诚情怀

pingo, pingere, pinxi, pictum 绘画，装饰，描写

placeo, -cere, -cui, -citum (+dat) 使喜欢，使中意

senatui placet 元老院决定

plebs, plebis, f. 见 plenus

plenus, -a, -um, [F: plein] 充满的，丰盛的

compleo, -ere, -evi, -etum 装满，充满，完成

plebs, plebis, f. 群众，平民，百姓

plures 见 multus

poculum, -i, n., [D: Becher] 杯，大酒杯

poena, -ae, f., [E: punish] 惩罚，处罚，折磨

polliceor, -ceri, -citus sum 许诺，答应

pondus, -eris, n. 见 pendo

pono, ponere, posui, positum　安放，安排，指定

compono, -nere, -sui, -situm　结合，组合，写作

depono, -ponere, -posui, -positum　放下，罢免

expono, -ponere, -posui, -positum　放在外，解释，表达

impono, -ponere, -posui, -positum　放入，要求

propo-no, -nere, -sui, -situm　放在前面，建议

sibi proponere　要求自己

pons, pontis, m., ［F: pont］　桥梁

populus, -i, m., ［E: people］　人民，市民团体

publicus, -a, -um, ［E: public］　公开的，国度的

publice　公开地

porta, -ae, f., ［E: import］　门，入口，通道

portus, -us, m., ［E: port］　港口，避难所

deporto, -are, -avi, -atum　拿走，流放

posco, -ere　见 preces

postulo, -are　见 preces

posterus, -a, -um, ［E: post-］　后来的

postremus, -a, -um　最后的

potior, -iri, -itus sum, (+abl., gen.)　夺取，占有，统治

praeda potiri　夺取战利品

rerum potiri　夺取政权

potestas, -atis, f.　职权，权力，机会

potens, -entis　有能力的

potentia, -ae, f. 〔E: potency〕 力量，政治权力

praebeo, -ere 见 habere

praeda, -ae, f. 战利品

praemium, -i, n. 见 emo

praesidium, -i, n. 见 sedeo

praetor, -oris, m. 见 ire

preces, -cum, f., pl. 请求，祈祷，祝愿

posco, poscere, poposci 要求，询问，召唤

postulo, -are, -avi, -atum 要求，追究

pre-mo, -mere, -ssi, -ssum 推，压，压迫

opprimo, -primere, -pressi, -essum 压迫，抢夺

pretium, -ii, n., 〔E: depreciate〕 价值，工资

princeps, -ipis, m. 见 capio

principium, -ii, n. 见 capio

prior, prius, 〔E: priority〕 更早的，更好的

primus, -a, -um 第一个

privatus, -a, -um, 〔E: private〕 私人的，无职位的

probo, -are, -avi, -atum 检验，赞同，证明

improbus, -a, -um, 〔E: prove〕 不好的，无耻的

prodo, -dere, -didi, -ditum 交付，通知，出卖

proelium, -ii, n. 战争，交战，争执

progredior, -gredi 见 gradus

prohibeo, -ere 见 habeo

promptus, -a, -um 见 emere

propior, -ius, (proximus)　比较近的，相似的

propinquus, -a, -um　邻近的，亲戚

proprius, -a, -um, [E: propriety]　本有的，自己的

provincia, -ae, f., [E: province]　职权范围，省

prudentia, -ae, f. 见 video

pudor, -oris, m.　羞愧，害羞，贞洁

puer, pueri, m.　孩童，男孩，仆人

a puero = a pueris　从幼年起

puella, -ae, f.　姑娘，女青年

pugno, -are, -avi, -atum　作战，争论，奋斗

pugna, -ae, f.　战争，交战，竞争

expugno, -are, -avi, -atum　攻克，征服，勒索

oppugno, -are, -avi, -atum　攻击，围困

pulcher, -chra, -chrum　好看的，优美的

purus, -a, -um, [E: pure]　纯净的，朴素的

puto, -are, -avi, -atum　计算，认为，估计

magni putare, [E: computer]　高估，尊敬

disputo, -are, -avi, -atum　讨论

Q

quaero, -rere, -sivi, -situm　质问，寻求

quaeso　我请，请

conquiro, -quirere, -quisivi, -quisitum　寻找，追究

requiro, -quirere, -quisivi, -quisitum　寻找，质问，追究

quattuor　四（无变格）

quartus, -a, -um, [E: quarter]　第四个

queror, queri, questus sum　哀叹，抱怨

quies, -etis, f., [E: quiet]　安息，休息

quietus, -a, -um　安静的，悠闲的

quinque　五（无变格）

R

rapio, rapere, rapui, raptum　抓住，夺取，抢劫

eripio, -ripere, -ripui, -reptum　拔出，解救，夺走

ratio, -onis, f. 见 reor

ratis, -is, f. 筏

recens, -entis, [E: recent]　新的，新来的

recito, -are 见 excito

rego, regere, rexi, rectum　指导，纠正，统治

rectus, -a, -um, [E: right]　直的，正确的

regio, -onis, f., [E: region]　方向，地区

rex, regis, m., [F: roi]　国王，君主

regius, -a, -um, [E: royal]　属于君王的

regnum, -i, n., [E: reign]　统治，王国

erigo, -rigere, -rexi, -rectum　竖立，建立

pergo, pergere, perrexi, perrectum 继续，出发

surgo, surgere, surrexi, surrectum 起来，站起来

resurrectio, -onis, f. 复活

rogo, -are, -avi, -atum 请求，询问，要求

religio, -onis, f., [E: religion] 敬畏之情，宗教

religiosus, -a, -um 认真，虔诚

relinquo, -linquere, -liqui, -lictum 留下，离弃

reliquus, -a, -um, [E: relic] 其他的，其余的

reor, reri, ratus sum 想，认为，断定

ratio, -onis, f., [E: rational, reason] 预算，理由，理性

rationem reddere 说明理由，表白

rationem habere 顾虑到

repens, -entis 突然，一下子

repentinus, -a, -um 突然

reperio, -ire 见 pario

reprehendo, -ere 见 comprehendo

requiro, -ere 见 quaero

res, rei, f., [D: real; E: reality] 物品，事情，业务

res familiaris 家产

res publica 国度，社会

res novae 政变

res adversae 不利的事，逆境

Res sic se habet. 情况就是如此。

respondeo, -dere, -di, -sum　回答，负责任

restituo, -ere 见 stare

retineo, -ere 见 tendo

reus, i, m.　被告，罪犯

rex, regis, m 见 rego

rideo, ridere, risi, risum　笑，嘲笑

ripa, -ae, f., [F: rive]　河岸

rogo, -are 见 rego

ruina, -ae, f., [E: ruin]　崩溃，破产，毁灭

ruinae, -arum, f　废墟

rumor, -oris, m., [E: rumor]　流言，舆论，名声

rumpo, -mpere, -pi, -ptum　破碎，突破，违反

corrumpo, -rumpere, -rupi, -ruptum　破坏，行贿

S

sacer, -cra, -crum　神圣的，被诅咒的

sacrum, -i, n., [E: sacrilege]　圣所，祭品

sacerdos, -otis, m., (f.)　祭司，司铎

sanctus, -a, -um, [EF: saint]　神圣的，崇高的

saeculum, -i, n., [F: siécle]　时代，世纪，尘世

saevus, -a, -um, [E: savage]　愤怒的，强烈的

salus, -utis, f., [E: salvation]　福利，幸福，健全

salutem dicere　问候，问好

saluto, -are, -avi, -atum   问好，致敬，道贺

sanctus, -a, -um 见 sacer

sanguis, -inis, m., [F: sang]   血，血统，生命力

sapiens, -entis   有智慧的（人）

sapientia, -ae, f.   智慧，才华

saxum, -i, n.   石，岩石

scelus, -eris, n.   犯罪行为

scio, -ire, -ivi, -itum   知道，认得，掌握

nescio, -ire, -ivi, -itum   不知道

nescio quis   某人

scientia, -ae, f., [E: science]   知识，经验，学科

scientia iuris   法学知识，法学

scribo, -bere, -psi, -ptum   写，编制，叙述

secutus, -a, -um 见 sequor

sedeo, sedere, sedi, sessum   坐，留住

consido, -sidere, -sedi, -sessum   坐下，定居

obsido, -sidere, -sedi, -sessum   围攻，统治

possideo, -sidere, -sedi, -sessum   占有，拥有

sedes, -is, f., [E: seat]   座位，居所

insidiae, -arum, f., pl.   埋伏，陷阱

praesidium, -ii, n., [E: president]   保护，堡垒

subsidium, -ii, n., [E: subsidize]   后盾，协助，援军

obses, -sidis, m., f., [E: obsession]   人质，抵押品

senex, senis, m., (f.) 老人

senectus, -utis, f., [E:senility] 老年时期

senator, -oris, m. 议员

senatus, -us, m 议会，元老院

senatus consultum 议会的规定

sentio, sentire, sensi, sensum 感觉，知察，有意

sensus, -us, m., [E: senses] 感觉，理解能力

sententia, -ae, f., [E: sentence] 想法，断言

sententiam dicere (=ferre) 投票，决定

septem, [E: seven] 七（无变格）

sequor, sequi, secutus sum 跟随，追赶，顺从

consilium sequi, [E: seek] 遵循忠告

amicum sequi in Graeciam 随从朋友到希腊去

assequor, -sequi, -secutus sum 到达，获得

consequor, -sequi, -secutus sum 随从，到达

insequor, -sequi, -secutus sum 直接随从

persequor, -sequi, -secutus sum 追赶，想抓住

secundus, -a, -um 第二个；顺利的

socius, -ii, m. 盟友，伴侣

societas, -atis, f., [E: society] 契约，联合，团结

sermo, -onis, m., [E: sermon] 谈话，演讲

servo, -are 见 servus

servus, -i, m., [E: servant] 仆人，奴隶

servio, -ire, -vi, -itum 服务，当仆人

servitus, -utis, f. 奴役，奴隶身份

servo, -are, -avi, -atum 看守，保留，遵从

servus, -a, -um 仆人的

fidem servare 守约，守纪律

conservo, -are, -avi, -atum 保守，保存

severus, -a, -um, [E: severe] 严格的，认真的

sex, [E: six] 六（无变格）

signum, -i, n., [E: sign] 记号，迹象，军旗

significo, -are, -avi, -atum 表明，指出

insignis, -e 杰出的

silentium, -ii, n., [EF: silence] 沉默

silva, -ae, f., [E: Sylvester] 森林

similis, -e, [E: similar] 相似的，类似的

dissimilis, -e 不相似的

simulo, -are, -avi, -atum, [E: simulate] 模仿，假装

simulacrum, -i, n. 画像

sino, sinere, sivi (=sii), situm 让，允许，放走

desino, -sinere, -sii, -situm 中止，停止

singuli, -ae, -a, [E: single] 每一个

singularis, -e 个别的，独特的

sinister, -tra, trum [E: sinister] 左边的，不吉利的

sisto, -ere 见 sto

situs, -a, -um, [E: site] 位于……的

socius, -a, -um 见 sequor

sol, solis, m., [F: soleil] 太阳,光明

soleo, solere, solitus sum 习惯于,使习惯

sollicito, -are 见 excito

solus, -a, -um, (gen: solius) 单独的,独一的

solvo, solvere, solvi, solutum 解开,交钱,释放

somnus, -i, m. 睡眠,幻想

soror, -oris, f., [F: soeur] 姐妹

sors, sortis, f. 抽签,预言,命运

spatium, -ii, n., [E: space] 空间,距离,间隔

species, -ei, f., [E: species] 外貌,表现,风格

specto, -are, -avi, -atum 观看,观察

exspecto, -are, -avi, -atum 从远处盼望,期待

aspicio, -spicere, -spexi, -spectum 看到,发现,欣赏

conspicio, -spicere, -spexi, -spectum 观看,觉察,发现

conspectus, -us, m 观看,视野

perspicio, -spicere, -spexi, -spectum 透视,洞察

suspicio, -spicere, -spexi, -spectum 怀疑,猜测

suspicor, -cari, -catus sum 怀疑,猜测

suspicio, -onis, f., [E: suspicion] 疑心,疑问

spes, -ei, f 希望,期待

spero, -are, -avi, -atum 怀着希望

despero, -are, -avi, -atum　放弃希望

spolio, -are, -avi, -atum, (+abl)　剥去，抢夺

regno spoliare　夺取政权

sponte　故意地，自然地

res sponte sua celerata　事情本身是有罪的

sterno, sternere, strevi, stratum　铺盖，伸展，推倒

sto, stare, steti, statum　站，立，坚持

status, -us, m., [F: état]　情况

statua, -ae, f., [E: statue]　塑像

consto, -are, -stiti, [E: cost]　站稳，存在，值钱

constat　众所周知

constans, -ntis, [E: constant]　坚定的

insto, -stare, -stiti, -stitum　进入，逼到眼前

praesto, -stare, -stiti, -stitum　站在前，给予，担保

munus praestare　完成任务

fratri praestare　超过弟兄

praestat　比较好，更好

praestans, -ntis　杰出的，优越的

sisto, sistere, stiti (=steti), statum　放置，站，站住

consisto, -sistere, -stiti　排队，停下来

resisto, -sistere, stiti [E: resist]　抵抗

statuo, statuere, statui, statutum　规定，决定

constituo, -uere, -ui, -utum　建立，放置，规定

instituo, -uere, -ui, -utum 设立，教导，规定

institutum, -i, n., =institutio, -onis, f 布置，设施，教育

restituo, -uere, -ui, -utum 恢复

struo, struere, struxi, structum 堆积，建造

instruo, -struere, -struxi, -structum 建立，教导

studeo, -ere, -ui, [E: study] 努力，追求，攻读

studium, -ii, n. 勤奋，欲望，学业

studiosus, -a, -um 热忱的，勤奋的

stultus, -a, -um 愚笨的

suadeo, -dere, -si, -sum 劝说，建议

persuadeo, -dere, -si, -sum 说服，劝告

mihi persuasum est 我深信，我认为

subsidium, -i, n. 见 sedeo

sum, es, est 见 esse

sumo, -ere 见 emo

summus, -a, -um 见 superus

superus, -a, -um 上面（的）

superi, -orum, m., pl. 天上的神明

supero, -are, -avi, -atum 胜过，超过

superbus, -a, -um, [F: superb] 高傲，崇高

superbia, -ae, f 骄傲，傲气

summus, -a, -um, [E: sum] 最高的，至上的

in summo monte 在山顶上

supplicium, -ii, n.　恳求，补赎，死刑

surgo, -ere 见 rego

suspicio, -ere 见 species

sustineo, -ere 见 tendo

T

tabula, -ae, f., [E: table]　板，图，画
taceo, -ere, -ui, -itum, [E: tacit]　不说话，沉默
tango, tangere, tetigi, tactum　接触，摸，撞击
attingo, attingere, attigi, attactum　触摸
contingo, -tingere, -tigi, -tactum　接触，擦上，达到
contingit　碰巧，成功
integer, -gra, -grum, [E: integrity]　未碰过的，完整的
in integrum restituere　恢复原来情况
tardus, -a, -um, [F: tard]　缓慢的，迟钝的
tego, tegere, texi, tectum　盖住，隐藏，保护
tectum, -i, n., [E: architect]　屋顶
tellus, -uris, f.　土壤，地方
telum, -i, n.　抛掷武器，枪
tempero, -are 见 tempus
templum, -i, n.　神庙，圣殿
tempto, -are, -avi, -atum, (=tento)　触摸，试探，引诱
tempus, -oris, n., [F: temps]　时候，季节，时机

tempero, -are, -avi, -atum, 定时间，安排，调

sibi temperare 克制自己

hosti temperare 善待敌人

tempestas, -atis, f. 时期，天气，暴风雨

tendo, tendere, tetendi, tentum 拉开，伸展

contendo, -tendere, -tendi, -tentum 努力，跑，奋斗

Contendo hoc verum esse. 我说这是真的。

contentio, -onis, f., [E: contention] 张力，争夺，纠纷

intendo, -dere, -di, -tum, [E: intend] 伸展，努力

animo intendere 立意，打算作

ostendo, -dere, -di, -tum 迎面拉出，显示

tenuis, -e [E: tender] 薄弱，微薄

teneo, tenere, tenui, tentum 拿着，坚持，保住

copias castris tenere 将军队留在军营

abstineo, -tinere, -tinui, -tentum 持在远处，自制

(ab) iniuria abstinere 不参与坏事

contineo, -tinere, -tinui, -tentum 保持，包括

continuus, -a, -um, [E: continual] 联结的，持续的

obtineo, -ere, -ui, -tentum 保住，拥有

pertineo, -ere, -ui, [E: pertain] 延伸，触及，涉及

retineo, -ere, -ui, -tentum 强留，抑制，保持

sustineo, -ere, -ui, [E: sustain] 支撑，维持，忍受

tergum, -i, n. 背部，后方

terga vertere 转身逃跑

terra, -ae, f., [E: territory] 大地，地区

terreo, -ere, -ui, -itum 恐吓，害怕

perterreo, -ere, -ui, -itum 恐吓，非常吓人

tertius, -a, -um 见 tres

testis, -is, m., f. [E: testify] 见证人，目睹者

testimonium, -ii, n. 见证，证明

timeo, -ere, -ui, [E: timid] 害怕，担心

timor, -oris, m. 恐惧

tollo, tollere, sustuli, sublatum 高举，取缔，除掉

tolero, -are, -avi, atum, [E: tolerate] 容忍，接受

totus, -a, -um, (gen: totius) 全部，全面

trado, -ere 见 do

tracto, -are, -avi, -atum 对待，处理，谈判

traho, trahere, traxi, tractum 拉，牵引

tres, tria, (gen: trium) 三

tertius, -a, -um 第三个

triginta 三十

tribuo, tribuere, tribui, tributum 分配，分给

tribunus, -i, m 一区之官，护民官

tristis, -e, [F: triste] 悲伤的，不祥的

tueor, tueri, tuitus sum 观望，保护

tutus, -a, -um, (adv: tuto) 受保护的，安全的

turba, -ae, f.,［E: disturb］ 吵闹，群众

perturbo, -are, -avi, -atum 使乱，扰乱

turpis, -e 丑陋的，肮脏的

turris, -is, f.,［D: Turm］ 塔，堡垒

tutus, -a, -um 见 tueor

U

ulterior, -ius 更远的

ultimus, -a, -um 最终的

unda, -ae, f.,［E: inundation］ 波浪，洪水

universus, -a, -um 见 verto

unus, -a, -um, (gen:unius) 一（个）

urbs, urbis, f.,［E: urban］ 城市（多指罗马）

urgeo, urgere, ursi,［E: urge］ 推，压，催促

usus, -us, m 见 utor

utor, uti, usus sum, (+abl) 使用，享受

auctoritate uti 享受尊威

utilis, -e,［E: utility］ 有用的

usus, -us, m 用处，利益，练习

uxor, -oris, f. 妻子

V

vacuus, -a, -um,［E: vacuum］ 空虚的

vadum, -i, n., [D: waten] 浅水，津
vado, vadere, vasi, vasum 走向，进攻
valeo, valere, valui, [E: value] 强壮，健康，有效
vale! valete! 保重！再见！
valetudo, -inis, f. 健康，身体情况
validus, -a, -um, [E: invalid] 强的，健康的
vallum, -i, n., [E: wall] 木栅，栅栏，设防
varius, -a, -um, [E: variety] 多彩的，各式各样
vas, vasis, n., [E: vessel] 器皿
vasa, vasorum, n., pl. 东西，器具，行李
veho, vehere, vexi, vectum 运输，承担
vehor, vehi, vectus sum, [E: vehicle] 走，行走，开车
equo vehi 骑马
vehemens, -entis, [D: vehement] 强大的，严厉的
venenum, -i, n. 毒素
venio, venire, veni, ventum 来，来到，临近
adventus, -us, m., [E: advent] 到来
circumvenio, -venire, -veni, -ventum 包围
convenio, -venire, -veni, -ventum 聚集，来到一起
amicum convenire 与友人相见
convenit, [E: convenient] 被规定，应该
conventus, -us, m., [E: convent] 聚会
contio, -onis, f 聚会

evenio, -venire, -veni, -ventum　出来，发生

eventus, -us, m.,［E: event］　事件，成绩

invenio, -venire, -veni, -ventum　碰上，发现，发明

pervenio, -venire, -veni, -ventum　到达，进入于

ventus, -i, m.,［E: wind］　风

verbum, -i, n.,［E: verb］　言辞

verbo… re vera　据说……实际上

vereor, -eri, -itus sum　害怕，敬畏

veritas, -atis, f. 见 verus

verto, vertere, verti, versum　转变，改成，翻译

averto, -tere, -ti, -sum,［E: avert］　使偏离，避开

reverti, revertisse　转回去

versor, versari, versatus sum　周转于，生活在

versus, -us, m.,［E: verse］　翻转，排，诗句

adversus, -a, -um,［E: adversity］　面对着的，敌对

diversus, -a, -um,［E: diversity］　不同方向，相异

universus, -a, -um［E: universal］　全面，普遍的

universum, -i, n.　宇宙

verus, -a, -um,［E: verify］　真实的，有根据的

veritas, -atis, f.　真理

vestigium, -ii, n.　脚印，迹象，立足点

vestigium temporis　时刻

in vestigio = e vestigio　马上，立刻

vestis, -is, f., [E: investment]　衣裳，服装

vetus, -eris, [E: veteran]　古老的，陈旧的

via, -ae, f., [E: way, F: voie]　道路，旅程，方式

video, videre, vidi, visum　看见，发现，经历

Vide ut habeas comites.　注意要有伴侣。

videor, videri, visus sum　好像是，看来是

invideo, -videre, -vidi, -visum　嫉妒，羡慕

beatiori invidere　嫉妒幸福的人

invidia, -ae, f., [E: envy]　嫉妒

provideo, -videre, -vidi, -visum　遥望，预见

frumentum providere, [E: provide]　提供谷子

saluti providere　照顾……的利益

prudentia, -ae, f., [E: prudence]　明智，谨慎

viso, visere, visi, [E: visit]　观察，参观，探访

vigilia, -ae, f., [E: vigil]　不眠，守夜

viginti, [F: vingt]　二十（无变格）

villa, -ae, f., [F: ville, D: Villa]　别墅，农庄

vinco, vincere, vici, victum　战胜，克服

victor, -oris, m.　战胜者，征服者

victoria, -ae, f., [E: victory]　胜利

vinculum, -i, n.　纽带，绳子，束缚

vincula, -orum, n., pl.　锁链，监狱

vindico, -are, -avi, -atum　讨回，解放，诉冤

violo, -are 见 vis

vir, viri, m., [E: virility] 男人

virtus, -utis, f., [F: vertu; E: virtue] 勇气，美德

virgo, -inis, f., [E: virgin] 女青年，处女

virtus, -utis, f. 见 vir

vis, (acc: vim, abl: vi), f. 力量，暴力

vires, virium, f., pl., [D: virulent] 势力，军队

violo, -are, -avi, -atum, [E: violent] 伤害，侵犯

vita, -ae, f. 见 vivo

vito, -are, -avi, -atum, [F: éviter] 避免，远离

vitium, -ii, n., [E: vice] 错误，坏习惯

vivo, vivere, vixi, victum 生活，生存

vivus, -a, -um, [E: vivid] 活的，流动的

vita, -ae, f., [E: vitamin] 生命

voco, -are, -avi, -atum 叫，称呼

convoco, -are, -avi, -atum 叫来，招集

revoco, -are, -avi, -atum 再叫，收回

vox, vocis, f., [E: voice, F: voix] 声音，话语

voluntas, -atis, f. 见 volo

voluptas, -atis, f. 见 volo

volo, velle, volui 愿意，想要

voluntas, -atis, f. 意志，愿望

voluptas, -atis, f. 娱乐，欲望

nolo, nolle, nolui　不愿意，反对

Noli me tangere!　不要碰我！

malo, malle, malui　更愿，宁愿

invitus, -a, -um　不甘愿的

volvo, volvere, volvi, volutum　滚动，转动

vox, vocis, f. 见 voco

vulgus, -i, n., ［E: vulgar］　民众，百姓

vulgo　公开地，普通地

vulnus, -eris, n., ［E: vulnerable］　伤口，损失

vulnero, -are, -avi, -atum　伤害，损毁

vultus, -us, m.　面容，表情

图书在版编目（CIP）数据

孔子教拉丁语：基于《论语》的拉丁语入门教程 /（奥）雷立柏著 . -- 西安：西北大学出版社，2025.1. （爱言：古典语文学 / 黄瑞成主编）. -- ISBN 978-7-5604-5519-8

Ⅰ . H771

中国国家版本馆 CIP 数据核字第 2024BR9011 号

孔子教拉丁语：基于《论语》的拉丁语入门教程

［奥］雷立柏 著

出版发行：西北大学出版社

（西北大学校内 邮编：710069 电话：029-88302621 88303593）

经　　销	全国新华书店
印　　装	陕西龙山海天艺术印务有限公司
开　　本	889mm×1194mm　1/32
印　　张	10.5
字　　数	220 千字
版　　次	2025 年 1 月第 1 版
印　　次	2025 年 1 月第 1 次印刷
书　　号	ISBN 978-7-5604-5519-8
定　　价	68.00 元

本版图书如有印装质量问题，请拨打电话 029-88302966 予以调换。